传 媒 与 文 化 书 系

刘宏 著

名声

以传播的视角

中国传媒大学出版社
·北京·

图书在版编目(CIP)数据

名声:以传播的视角 / 刘宏著. --北京 : 中国传媒大学出版社, 2020.7
(传媒与文化书系)
ISBN 978-7-5657-2734-4

Ⅰ.①名… Ⅱ.①刘… Ⅲ.①传播学-研究 Ⅳ.①G206

中国版本图书馆 CIP 数据核字(2020)第 126595 号

名声:以传播的视角

MINGSHENG:YI CHUANBO DE SHIJIAO

著　　者　刘　宏
责任编辑　张莉莉
特约编辑　于水莲
封面设计　运平设计
责任印制　李志鹏

出版发行　中国传媒大学出版社
社　　址　北京市朝阳区定福庄东街 1 号　　邮　　编　100024
电　　话　86-10-65450528　65450532　　传　　真　65779405
网　　址　http://cucp.cuc.edu.cn
经　　销　全国新华书店

印　　刷　北京玺诚印务有限公司
开　　本　787mm×1092mm　1/16
印　　张　12.5
字　　数　165 千字
版　　次　2020 年 7 月第 1 版
印　　次　2020 年 7 月第 1 次印刷

书　　号　ISBN 978-7-5657-2734-4/G·2734　　定　价　56.00 元

本社法律顾问:北京李伟斌律师事务所　郭建平

金钱、权力和名声，

被视为人类的三大世俗追求。

金钱乃身外之物，生不带来，死不带去，

权力则更是短命，

只有名声，通常比我们的生命更长久。

个人需要名声，因为名声可以让一个人活得更有意义；

企业需要名声，因为好的名声是企业的金字招牌。

文艺需要名声，因为文艺就是有关名声的行业；

政治需要名声，因为政治要经得起历史的考验。

地方需要名声，因为地不在大，有名则灵；

国家需要名声，因为国家名声是国际交往的硬通货。

……

作者序

好事多磨，这本书我写了好久，如今终于要出版了，我的心情已经由忐忑变成了平静，时间总是会熨平心态的皱褶。开始写这本书的时候，我并没有想把它写成一本学术著作，现在看来，也仍然更像是一本学术随笔。正所谓归来时仍是学术。

我开始关注名声问题是因为一些间接的因素，比如说，研究形象的时候会指向名声，新闻和传播也很难回避名声，这些都让我对名声产生了兴趣。名声是一个很大的问题，也是一个很虚的问题，也许正因为如此，国内外专门研究名声的人和书都很少。在这少部分人中，多数是从市场营销的角度来看名声，他们基本上把品牌等同于名声。这是一种市场经济的研究方式，也可以说是一种强调实用性的研究逻辑，这种方式如今在很多研究领域都占了上风，考虑到商业主义和消费主义的盛行，这样的结果不难理解。

不过，我的研究重点不是教人们如何获得名声，虽然这种投机取巧的研究方式很容易让书籍放在机场书店的显眼处。我感兴趣的是名声的后台，也就是名声的背后有什么？是什么让很多人对名声趋之若鹜？为什么许多人至今仍然把名声视为负面的累赘？为什么有些行业对名声持有比较低调的做法？名声和传播之间是什么关系？我希望我的研究更偏向于人文科学和社会科学的方向，为人们解开一些有关名声的谜团，给名声去魅，目的不是让名人更有名，也不是想让更多的人成为名人（这些往往不是学术研究所能够做的）。

假如通过阅读这本书，可以让读者更平静地看待名声这件事，此书的目的就达到了。对我个人来说，我大概成不了名人，也不会有很大的名声，不过能够有机会从学术的角度来研究名声，也让我很知足。

在研究名声的过程中，我发现历史的研究占据了重要的位置。所谓“历史的研究”，在这里有两个含义：一是有关名声历史的研究至今依然发挥影响，这意味着一些经典著作关于名声问题的观点并不过时，虽然它们并不是专门研究名声的；二是一些经典的历史书籍对名声的看法继续启发着我们。这两点至少说明了从古至今名声就是一个备受关注的问题，只是从语言概念上来说，过去的研究更突出名望，而今天的研究更关注名声。两者看上去只是一字之差，实际上恐怕反映了学术研究的客观性在增强。

如同研究形象的人找不到形象学做基础，研究名声的人也没有名声学做参照，但这并不妨碍我们进行一些有趣的研究，只是在这种研究中，首先需要我们自己相信，名声研究并非巫术研究，我们也不是名声巫术师。名声看上去是一个简单的问题，甚至有一些人认为它属于肤浅的问题，但这也恰恰反映了一些社会学或者说社会科学研究的特点——庞大且缺乏头绪，需要某些具体的途径进入研究的后花园。在对名声的研究中，我也不由自主地感觉到一种困惑，就是我的名声研究之路好像不知不觉地偏向人物，而冷落了事件。虽然我也知道这会造成理论上的不均衡，但是，在本书的写作过程中，我似乎很难纠正这个问题。这个现象可能也反映了名声研究中的重人轻事，我希望在以后的研究中可以弥补这个缺憾。

本书是 2018 年度中国传媒大学“高精尖”培育项目（项目批准号：CUC18A013）的阶段性成果。同时，本书的出版还要感谢中国传媒大学出版社。

目　录

引言　我们为什么需要名声？

权力在名声面前的低调/金钱在名声面前的自我膨胀/名声和身份/名声和信誉/名声和名节/好名声和坏名声/名声的社会化过程/名声是客观的存在，也是主观的结果/自我名声和外部名声

金钱乃身外之物，生不带来，死不带去，权力则更是短命，只有名声，通常比我们的生命更长久。从现有的材料看，古人一定不会比我们更了解名声的来龙去脉，即便是今天我们也不敢说对名声了如指掌。我们几乎可以想象，古人很可能对名声的附体深感困惑。在金钱还没有出现的时候，名声就存在了。我们甚至可以做出一种大胆的推断，那就是，在古代社会名声比权力出现得更早。我们可以在古代遗留下来的作品中看到，名声几乎无处不在，它充满了神秘感，甚至是神一样的存在。没有人知道名声从哪里来，也没有人可以说清楚名声到底是物质的还是精神的，因为在人类发展的早期，智者们思考世界的起源时，通常的做法就是把世界还原为一种或者几种元素。

直到今天，金钱、权力和名声仍然被视为人类的三大世俗追求。

金钱，被人们普遍认为是最实在的，是看得见、摸得着的，是可以用物质的度量衡来计算的。如果一个人宣称自己把赚钱当成一种精神追求，即使他可能强调自己只是享受追逐的过程，而不是结果，我们仍然可能会觉得他玷污了神圣的精神。物质追求本身就是最强调结果的游戏，如果忽视了它的游戏规则，我们就会陷入某种心理上的彷徨。当经济变得越来越重要时，挣大钱的人往往也能获得一定的名声，可以说是由财富堆积起来的名声。还有

的人可以用金钱来购买某种名声，但这种买来的名声通常很难持久。

权力，是难以计算的，它可以是非常巨大的，也可以是极其渺小的，就看你使用什么样的参照系。权力和金钱的差别在于：金钱是人对财富的支配，而权力是人对人的支配。换句话说，权力是一种关系，它不能仅仅发生在一个人的身上。按照通常的理解，你能够支配的人越多，表明你的权力越大。在权力领域，人类常常被划分成两种：一种是支配者，另外一种是被支配者。没有人是天生的支配者，也没有人天生就应该被支配。权钱可以结合，权名也可以结合，只不过我们看到的更多是权力和金钱的结合，毕竟权力和金钱都是实实在在的东西，而名声则通常被嘲讽为徒有虚名。我们很少看到为了名声而使用权力的案例，更多的是人们为了名声而投入金钱。因此，权力在名声面前常常可以保持低调，而金钱在名声面前则很容易“自我膨胀”。

巧合的是，在中文里面，“权力”和“权利”这两个词的发音是一样的，但它们在含义上却恰恰相反。权利更多是与生俱来的，是人类对自己的一种保护；而权力是后天赋予的，是超出了个人要求的。现在，学术界喜欢用赋权这个概念，那么，有必要区分的是，这里的“赋权”指的是哪个“权”？是“权利”的“权”还是“权力”的“权”？权利是有了未必用，而权力是一定要用的，用了才知道，谁用谁知道。权利就如同在公共汽车上给老人让座，老人想坐就是权利，不想坐你偏要让他坐就是年龄歧视。权力是硬的权利，权利是软的权力。

名声的概念横跨了物质和精神两大领域，有人认为它是一种精神追求，也有人认为它可以由精神变成物质，通俗地说，就是名声可以变现。在很多古代作品中，我们很容易发现这样的现象，那就是古人似乎比我们当代人更看重名声，他们把名声视为一个人的名节，一个人的一生都要守节。换句话说，名声在那时更接近身份的含义，没有名声，就等于没有信誉，而守信在当时是为人之本。《三国演义》中，名声最好的都是那些有信誉的人。比如说，刘备的名声就比曹操好，这在一定程度上决定了为什么人们会“扬刘抑曹”。说到权谋，曹操肯定比刘备强，但是，在这本书里面，权谋多的主公反而有了阴谋家的嫌疑。而换成了军师，这倒变成了优点，例如，诸葛亮就比周瑜厉害，用兵如神。即便是像诸葛亮这样著名的军事家，小说也没有忘记给他做很多忠诚和厚道的铺垫。

具体到今天，我们就会提出下面这些问题：

国家为什么需要名声？因为国家需要在世界上拥有影响力，而国家名声是国际交往的硬通货。比如，目前在全球范围内，中国的名声越来越大，这自然就会吸引全世界的目光，不仅能吸引世界各国的经济投资，还能够提高中国的软实力。现在，中国有很多人研究国家形象，听上去这就好像是在研究国家名声，说明在很大程度上，中国人又开始关注国家的名声了。一方面，这表明中国现在强大了；另一方面，也反映了中国人越来越关注国家的国际影响了。虽然 20 世纪就有了联合国，但是，和国家的名声相比，联合国的名声往往显得更弱一些。这从一个侧面反映了名声与政治的关系，因为当我们说到国家名声的时候，它常常是和一个国家的政治独立相关的。

还有一点值得注意，那就是国家名声之所以比较稳定，在很大程度上与一个国家的文化和历史有关。由于国家的名声需要很长时间来建立，同样，国家名声的改变也需要比较长的时间来完成。并且，国家名声是典型的镜像名声，即一个国家的名声通常情况下还和别的国家的人有关，国家名声在某种程度上需要外部的认同。每一个国家的人在看待别的国家的名声时，经常会对比自己国家的名声，换句话说，一个人在观察别的国家的名声时，他也从中看到了自己国家的名声。

说到名声和形象的区别，恐怕不仅仅是词语方面的差异，更多体现的是一种文化选择。如果使用名声的概念，相信很多中国人的直觉是这个词带点张扬的色彩，而使用形象一词，就显得比较谦逊。从语义上说，形象显得更容易改变，或者说它更外在一些，并且还容易给人一种联想和想象的感觉。而名声听上去则更稳定一些，更关注长久性，传播的范围也更广泛一些。

个人为什么需要名声？因为名声可以让一个人活得更有意义。在生活中，我们经常能够看到许多人渴望成名，也可以说对名声的渴望几乎成了人类的一种心理本能。作为个体的人，我们对名声的追逐可以分为两个方面：一方面，我们渴望出名，让自己活得更有价值、更体面；另一方面，我们还对已经成名的人或者事物特别感兴趣。比如影迷和歌迷对明星的追逐，在这个过程中，他们并不是要自己出名，而是要追逐明星身上的名声光环。最新的案例是 2018 年底的贺建奎事件，贺建奎，这个年轻的副教授几乎在一夜之间声名鹊起。在此之前，他的名声还只局限于我们很难知道的专业范围，而仅仅一天后，他的名声已经社会化了。这种社会化过程明确表现了从专业名声到社会名声的过渡方式以及类型化。可以说他的名声在几天内呈现几何式增长，并且是在被科学同行猛烈攻击的背景下。他用基因编辑了历史，而并非历史记录了他。很难说这个农民的孩子对名声抱着多大的渴望，事实就是他的基因编辑事件几乎完全是按照名声曲线运行的。

比起古人，今天的我们是否更需要名声？就我们所看到的历史文献来说，名声对古代人而言几乎意味着一切，换句话说，名声坏了，就等于一切都完了。比如，对秦桧的后代来说，他们在很长的时间里都要背负这种祖先留下来的坏名声。虽然古人并不像今人这样来使用名声一词，但至少在中国，我们很容易看到“名节”对一个人的重要性，并且，可以说越有名气的人，往往越注重自己的名声。这和今天的情况有很大的不同。如今的名声有了更多的独立性，也就是说，名声和许多东西分离了，以至于出现了为名声而名声的现象——为了出名不择手段。

很多人对名声有误解，觉得名声只属于名人，似乎只是少数人的事情，和普通人没有什么关系。果真如此吗？回答是否定的。

从历史的角度看，名声在很长一段时间里都代表着社会中几乎所有美好的事物。换句话说，名声在历史的早期更多是一种偏向于主观的社会看法，相当于社会的好评，每个人都想获得这种好评。如果可以划分名声发展的阶段，那么，媒体的出现在相当程度上变成了一道分水岭——媒体创造了更多的名人，也催生了有名望的阶层。社会舆论在这种时期就被分化了，在很多人的眼里，舆论几乎等同于媒体，这使得名声变成了某种相对客观的东西，媒体可以把名声像商品那样生产出来，以供人们消费。

坦白地说，我们所有人都需要名声，虽然极少数人可能能够抵挡住名声的诱惑，隐姓埋名，过着清心寡欲的生活，但对于绝大多数人来说，名声就是实现自我的一种手段，就是身份的证明。名声和名人不是一回事，名人肯定是有名声的人，但有名声的人不一定是名人。从历史的角度看，今天的名人和过去的名人有很大的不同，如今的名人已经成为文化消费的对象，他们具有更多的表演色彩。这也就难怪一提到名人，许多人就想当然地认为是在说文艺界的明星。

实际上，当我们仔细观察生活时就会发现，个人的自我名声也是无处不在的。所谓“自我名声”，就是一个人名声意识的自我化，比如说，一个人可能在做很多事情的时候都会考虑别人怎么看他，个人的外部名声变成了对他的一种束缚，但事实上，可能很少有人会注意到他的行为，这时候名声似乎就成了他的一种自律，变成了一种近于本能的社会意识。我们经常会听到一些名人说他们出门就要戴墨镜，因为怕被人认出来，这便是名声之累。具体来说就是名声等于外部认知和内部认知之差，一些人高估了自己的名声，也有一些人低估了自己的名声，比较而言，大部分人高估了自己的名声。那么，为什么有很多人高估了自己的名声呢？一种可能性是今天的名声越来越脱离个人的控制，市场扮演了越来越重要的角色，名声越来越成为社会的一种需求，因此，给个人的名声判断带来了越来越多的困难。

为什么今天的名人有着越来越浓厚的表演色彩呢？一个最可能的原因就是，在消费文化时代，我们已经不再仅仅满足于物的消费，同时还开始了对人的消费，电视真人秀节目的走红再清楚不过地说明了这一点。我们越来越热衷于观看别人的生活，无论是偷窥还是明目张胆地观赏，也不管这种观摩是否侵犯了别人的隐私权。也正是在这种看与被看的视觉消费中，名人才越来越成为一种最流行的文化现象。明星真人秀让很多观众变成了看客、过客和旁观者，他们的参与就是观看，他们希望成为别人，看别人的生活，做别人的背景。很多人搞不清楚，既然现在舆论对明星真人秀的高额出场费颇多微词，那么为什么不能把这些钱变成高额奖金来增加素人真人秀的吸引力呢？这更像是西方模式。一方面，我们反对西方真人秀的高额奖金刺激；另一方面，我们又把这些钱给了明星。

"看客"一词在鲁迅的作品中带有明显的贬义，属于一种呆呆的形象，需要有人呐喊才能让看客们觉醒；而"过客"的概念在鲁迅笔下就显得比较勇敢了，虽然我们都注定是这个世界的过客，甚至我们都可能是彼此人生的过客，但总要留下一些什么，才不枉此生。

中文的词义是很丰富的，我们习惯用简单的词语来表达复杂的事情，比如说，中文一个"看"字就包括了所有的看，而英文中有许多不同的单词来表现"看"。这时，我们可以说汉语精练，能举一反三、以一敌十；也可以说英文更具体、更准确。英文中看电视和看电影中的"看"用的是不同的词，中文只一个"看"字就包罗万象。如果中文中的"看"用"瞅""瞧""视""瞪""瞄""观"来表示，那么这些词虽然有看的色彩，但它们已经是另外一个词了，并且更像口语，不够书面。这当然反映了汉语的简练，也透露出汉语的模糊，可以称之为精确的模糊。原因可能与单字的传统有关，也许还与意义相关。如果说中文是一种意义语言，那么很多东西就可以说得通了。反观英文，用结构去接近事物总归要清晰一些，按部就班。不过，结构语言容易失于形式，而意义语言则等候灵感勃发。

从小到大，我们看了太多别人的生活。比如，我们看了好多精彩绝伦的体育比赛，但很少自己参加比赛，我们大多是作为看客，甚至是职业的看客，津津乐道。用这样的逻辑就很容易解释为什么今天有这么多人要去跑马拉松，他们如同一群不满足当看客的狂热分子，用参与人生的态度来释放理想和激情。今天，绝大部分体育运动已经发展得十分专业了，普通人难以参与其中，幸好还有马拉松这样的运动，似乎一直保留着古希腊至今的奥林匹克精神。

我们还可以从跨文化传播的角度来理解体育。实际上，教育和体育是跨文化传播中最热门的两个题材，比如说印度电影在中国的传播。还有就是英国 BBC 的国际传播题材，BBC 拍摄的中国中学老师到英国中学讲课的纪录片甚至形成了一种国际类型的讨论。BBC 同样拍摄了英国中学生到韩国高中体验生活的纪录片。这些纪录片看上去已经超越了纪录片的范畴，它们似乎变成了某种媒介活动，给人的感觉是 BBC 在这两个国际教育交流活动中介入得很深。套用行为艺术的概念，这种纪录片也可以被称为行为媒介。这种热门题材可能进一步说明了跨文化传播的简化原则，就是门槛越低，越容易被不同的文化群体所接受。在国际传播中，内容编码和解码的成本高于国内传播。但是，互联网文化有可能对原来的跨文化传播结构发起了挑战，影响了青年的跨文化传播。因为互联网是青年人的天下，所以，网络的跨文化传播在某种意义上也是青年的跨文化传播。例如，我们现在看到两个省级卫视在播的一档节目——《非正式会谈》，这是一档比较典型的国际青年互相沟通的节目，参与讨论的人来自很多国家，节目既有娱乐性，也有寓教于乐的一面。

这种节目的出现并非偶然，它本身带有天然的互联网基因，或者说年轻人有天然的跨文化传播基因，因为他们是网络的“原住民”。过去，一说到跨文化传播，我们想到的通常是人类学意义上的文化部落，而现在的网络本身就是一个崭新的部落。如果说以部落为基础的跨文化传播是一种偏向垂直的纵向传播，那么以网络为基础的跨文化传播就是一种倾向于平行线的横向传播。没有网络的时候，官方会组织各国的青年人互访，以便增加彼此之间的了解，巩固国家之间的友谊。有了网络以后，各国青年人之间的理解变得容易了，比如说，韩国、日本的文化对中国年轻人的影响很大，这种影响不仅来自影视剧，还来自综艺节目，我们称这种现象为"韩流""日流"，或者"哈韩""哈日"。甚至可以说，"地球村"的概念对年轻人来说似乎更恰当一些，毕竟如今的年轻人是在互联网技术影响下成长起来的，他们非常熟悉技术文化，而这种文化常常是不分国界的。

可以说，在互联网出现之前，所有的媒介都没有自己的语言。比如，虽然书籍的门槛是最高的，但是书籍的语言本身就是社会语言，并不存在一种独特的书籍语言。同样的道理，报刊和广播电视也都没有一套自己的语言，画面语言虽然和文字语言有所不同，但这种不同并不代表报纸有一套区别于电视的语言，电视作为一种画面语言甚至降低了阅读的门槛。网络语言就非常不同了，有人使用"火星文"，还有人使用表情包，这些都相当于表情语言，它们就像一个组织内部的语言，或者说是一代人通过电脑创造出来的语言。没有仓颉造字，网络语言完全是年轻人通过群体传播制造出来的。网络语言并非方言，它更像是世界语，只不过主要由青年人使用。在全球化的时代，我们再一次发现传播语言的重要性，换句话说，我们可以从语言传播学的角度来看网络语言，是交流产生了语言，而语言反过来又促进了交流。如果我们说语言即交流，这暗示着我们可能在使用两种语言进行交流：一种是社会共同使用的语言，另一种是有关交流本身的语言。具体来说，某些语言本身就是为了沟通或者传播而产生的，它不是为了屏蔽其他社会群体，而是在一定程度上创建了一些语言共同体。我们不妨把这些语言共同体视为为艺术而艺术的群体，也可以把它们叫作为语言而语言的群体。

我们从小学习母语文字是为了读书看报，但我们甚至并不需要专门去学习画面语言，只是通过绘画或者看电影来熟悉画面语言。从根本上说，即便我们不学习绘画，也仍然生活在充满画面感的社会环境中，画面是无师自通的，画面本身就是一种人类与生俱来的世界通用语；而文字语言就不同了，如果不通过学习，人们就不认识身边的文字。在这个意义上，我们就有了两种画面语言，举例来说，谁都可以看懂电视，但是还有一种电视语言是电视人可以识别的，或者说是他们交流的工具性语言。不过，电视语言依然不同于网络语言，因为网络语言并不是专业语言，它是网民语言，是被大规模使用的社会语言，它带有浓厚的青年文化色彩。也许我们可以把语言上的代沟称为“语沟”或者“言沟”，这种“语沟”在网络语言方面表现得很明显。

我们的人生就像一个大舞台，表演区和观众席被划分得越来越清楚，表演越好看，我们就越愿意做看客，演员越专业，观众也越职业。结果就产生了异化和反转，好像是观众在养活演员，没有看客就没有表演，这是典型的消费主义模式。电视真人秀就是个例证，反映了看客们不仅要看演员表演的电影和电视剧，还要看他们在电视上展现自己的生活，并且越真实越好。冯小刚认为《极限挑战》节目会影响孙红雷的表演状态，按理说孙红雷的演技并不会因为参加真人秀节目而降低，但是，长期泡在真人秀里可能会在一定程度上影响观众对他的表演的认知。实际上，现在看来，真人秀并不能让观众看到明星们生活中真实的一面，反而是一些知名度低的演员似乎更适合参加真人秀。换一个角度看，电视真人秀的表演已经和影视剧的表演融为一体了，这不是在破坏演员的表演，它实质上表现出观众对表演的消费状况。以《演员的诞生》节目为例，它的社会热度和社会议题形成反比，套用现在的社会主要矛盾的说法，就是粉丝日益增长的对明星的向往与不宽广、不重要的社会讨论之间的矛盾。这个节目的思路就是放几个所谓的导师在舞台上，然后就变成了娱乐节目。看上去表演好像是个门槛很低的专业，它依赖的是粉丝，但很多观众似乎开始消费表演本身，而不是消费演员的作品。

这种近乎专业的看客心态会让我们更难以参与表演，因为我们会想象我们表演的时候，看客会多么专业地苛求我们的表现。说到底，我们还是希望自己的表演会收获看客们的掌声。无看客，不表演。有了这种看客心理以后，很多人看东西的时候都喜欢选择好看的，因为看已经变成了注意力经济。看书就没有看电影好看，好像只有学生和老师在学校里才不得不看书。可以说，媒体和新闻稳固了我们的看客地位，让我们目不暇接，甚至呆若木鸡，我们失去了看和做的合理比重。在社会统计学领域，我们的看就相当于做。

在这里我们可以看到传播和表演的区别，虽然表演也是一种传播，或者说人类的传播行为本身也有浓厚的表演色彩，但是两者仍然有明显的差异。传播更多的是一种中介行为，例如新闻报道中记者的角色；而表演偏向于直接。比如，当我们在小剧场看戏剧表演时，会感受到直接和间接的区别，换句话说，在大剧场里，表演还有一定的间接性，而在小剧场里，表演几乎变成了零距离的直接传播，演员和观众的间隔感被打破了，观众在一定程度上参与了戏剧的表现。一般来说，传播的距离往往是越远越好，而表演的距离是越近越好。表演是属于演员的主体行为，而纯粹的传播则是记者或者中间人的客体行为。

明白了这一点，我们就可以理解为什么说当今世界上的很多政治人物已经通过新媒体把他们自己直接变成了媒体，这就相当于把表演和传播结合在一起了。最典型的是美国总统特朗普，他的很多行为都具有表演性，而这种表演性是非常适合传播的，因此，即便他和美国精英媒体有矛盾，但是这并不妨碍他的曝光率。特朗普相当于用推特做了一次新媒体实验，他的推特治国方式令人惊讶，他用自己的媒体引导其他媒体，包括那些反对他的媒体，从某种意义上说，他可能是第一个把领导人变成媒体的人。给很多人的感觉是，全世界很多关注媒介和政治的人都在同一时间看到他的推特，美国国内媒体反而和他有一条鸿沟。考虑到新媒体的技术平台色彩，这等于是宣告新媒体和传统媒体分道扬镳。

名人可以被划分为世界性名人、全国性名人和地方性名人。一个人可能在某一个地方家喻户晓，但在其他地方却鲜为人知。这当然和媒介的传播有关，也可能反映了一种名声的社会归属感。每一个国家或者地方都希望有属于自己的名人，他们会对这样的名人采取一些保护性措施，目的是能够让这些名人成为国家或者地方的形象代言人。这样的保护是可以理解的，因为名声和名人已经被纳入了国家和地方的软实力之中。

第一章　名声的定义

名声是一个很奇怪的东西，看不见，摸不着，但是，它似乎无时无刻不在影响着我们。名声有很多的定义，从传播的角度来说，名声就是对一个人或者一件事情超出其范围的传播。换言之，名声常常显得有些不切实际，所谓名不副实、夸大其词。不过，这也许是我们需要的效果，如同我们很多人需要有崇拜的对象、励志的目标一样。通俗地说，名声就是一种熟悉，但是，不同于熟人之间的熟悉，它更多的是陌生人之间的熟悉，庸俗地说，就是混个脸熟。

名声是一种媒介

名声的横向坐标和纵向坐标/名声的发达地区和欠发达地区/名声事件/名声与历史的关系/文字和文学的区别/名声与原著的关系

名声究竟是什么？

如果说金钱是货币，权力是地位，那么我们可以说名声就是影响。金钱的影响靠的是财富的积累，权力的影响靠的是统治的级别，而名声本身就是一种影响。

我们之所以需要名声的一个最直接的原因大概就是希望别人知道自己。但我们可以设想一下，在一个原始社会的部落里，人与人之间的距离是非常近的，他们几乎不需要借助名声来认识其中的某一个人。这时，名声就可能呈现出纵向的特点，也就是说名声是遗产，是用来流传给后人的，或者是首领用来威慑跟随者的。因此，在那个时候，老人的名声往往大于年轻人的名声，甚至去世者的名声可能比在世者的名声更响亮，因为过去的名声是依靠积累的。今天的情况则不同了，越来越多的人出名越来越早，甚至一夜成名，年轻人的名声开始超越老年人的名声。名声问题上不再论资排辈，人们不再讲究功成名就，因为许多人"名就"以后还没有"功成"，名声不再是众望所归的东西。

只有当社会发展到一定程度，人与人之间的距离越来越远时，名声的横向坐标才逐渐显露出来，因为这个时候名声就具有了工具的色彩，影响到了人类的交往。无论是一个国家对另一个国家，还是一个人对另一个人，名声都会在一定程度上缩短它们/他们之间的心理距离。

如果说我们人类有两种基本的交往模式——面对面的和不见面的，那么似乎可以说，在面对面的模式中，名声更多表现为纵向的特点。比如，我们在电视人物访谈节目中就会发现，我们好像离不开名人，名声在这时是有影响力的。换句话说，当被采访对象名声越大时，采访者往往会提高自己的对等级别，以应对两者的名声差异。很多观众不喜欢记者用仰视的方式采访名人，同样的道理，他们也不喜欢记者用俯视的方式来采访老百姓。这样的态度往往能够反映出某种地域差别，在名声发达的地区，人们比较倾向于名声的横向功能，名声面前人人平等；而在名声落后的地区，人们容易突出名声的纵向作用。比如，在中国一些落后地区，许多老百姓从来就没有看到过记者，更不用说名人了，这时候的名声就变成了垂直的崇拜，很多人都知道记者在中国的地位是比较高的，是所谓的无冕之王，这也与名声的欠发达有关。

所谓的名声发达地区，是指名声在一个地区的充分传播，具体来说，就是这个地区有足够多的名人数量，有大量具备影响力的媒体，名声在这个地区不是稀缺品。反过来说，名声的不发达地区或者说欠发达地区，就是指这个地区缺乏有影响力的媒体，很多当地的事情难以被快速传播到外部，它们遵循的原则通常仍然是酒香不怕巷子深。这种地区往往名人数量很少，名声基本上是输入，而很少有输出。这种名声输入和输出的差异也可以理解为一种软实力。用这个标准来看，美国明显属于世界上名声最发达的国家。就中国的名声分布而言，东部明显比西部更发达。

这里往往涉及名声事件和名人的反差，具体来说，就是名声发达地区通常聚集了更多的名人，而名声欠发达地区则缺少名人和明星，但是，并不缺少名声事件。可见名声事件和名人并不能画等号，明星多的地方经常有很多娱乐新闻，而名人很少的地区常常会因为一些名声事件而闻名。当然，我们可以说名声发达地区一般都是经济也比较发达的区域，但恰恰是在名声发达地区更可能发生名声事件的遮蔽现象，也就是很多人把注意力集中在当地的名人身上，而忽视了本地区的名声事件。名声事件的定义并不是明星事件，恰恰相反，名声事件更接近于大的新闻事件。事实上，很多重大新闻事件后来都变成了名声事件，并且对新闻发生地的名声产生了持续性的影响。比如说，博鳌亚洲论坛让海南的博鳌镇闻名遐迩，而长春长生公司的疫苗事件则让长春市蒙羞。

值得注意的是，虽然一个地方或者一个城市的名声会受到名声事件或者名人事件的影响，但是，判断一个地方的名声大小和好坏毕竟没有那么简单。对于名不见经传的小地方来说，可能一次大的新闻事件就让很多外地人第一次知道了那个地方的名字，例如，2016 年告破的持续 14 年的甘肃白银市连环杀人案就让许多人记住了这个城市的名字。而对一个大城市来说，一次大的负面新闻事件对这个城市的名声所造成的影响不能一概而论，例如，2016 年天津滨海新区爆炸事件对于天津的名声肯定造成了一定的恶劣影响，不过，对于这种影响如何评估就需要具体问题具体分析了。

而在未曾谋面的模式中，名声本身就成了一种人类交往的媒介。例如，电台主持人通常是依靠声音的魅力征服听众的，而当主持人亮相和听众面对面交流时，听众就变成了观众，不见面模式转换成了面对面模式，这个时候就会给一些听众带来某种不适应，他们心目中的偶像似乎突然变成了普通人，因为声音偶像是远距离的，充满了想象，而画面偶像却是近距离的。又如，很多作家是通过文字和读者见面的，也就是说，他们拥有的是文字名声，可是当他们出现在电视中时，许多观众就会觉得名不副实，或者说不能对号入座，因为文字和画面是有很大区别的。甚至很多小说的粉丝并不喜欢小说改编的影视剧，因为他们更喜欢原著，这里就有文字和画面的区别。有意思的是，有一些人是先看到的影视剧，然后他们中间的一些人会去找原著看，但是这种时候，他们似乎很少去苛求原著。换句话说，原著一般都是小说，读者通常抱怨的是改编作品。不过，如今也有一种情况，就是有一些影视剧本身属于原创，它们没有文学作品做基础，反而是影视剧出名以后，才有同名的小说出版，在这种状态下，文字和画面的顺序发生了逆转，原著的概念也发生了很大的变化。

文字比影像更有历史感，这就像读书看报和看电视的区别。文字古老当然是一个原因，但还有一个不易觉察的原因，就是文字具有明显的原著性。我们背诵唐诗宋词时就可以发现这一点，历史的原著性和文字的原著性汇合了。越是古老的文字，越能够体现这种原著性。为什么翻译作品显得千篇一律呢？究其原因，有一点特别突出，就是翻译似乎在用整体单一的版本对应个性丰富的原著。换句话说，翻译很难传达原著作者的个人写作风格，即便这些翻译家研究了一个原著作者好多年。这说明翻译有不可言状的地方。过去，人们读书讲究读原著，学术研究的注释也强调引自原著。但是，现在这么做越来越难了，原因至少有以下几个：一是原著量太大，读不过来；二是很多原著需要翻译，否则没有外语基础很难读懂，而翻译出来的内容与原著的意思相差较大；三是互联网改变了人们的阅读习惯，阅读变得越来越碎片化；四是影像阅读增加，人们不必通过阅读原著就可以理解大意，而影像往往是缺乏原著性的，因为影像的意义和方向具有某种不确定性，也就是说，它的意向是可以随着时间的变化而改变的，当然，这种改变是人为的，并不是自然发生的，自然只涉及保留问题；五是原著阅读语境渐行渐远，结果是原著的解释者变得更重要，比如于丹对论语的解释和讲述就在专业领域引发了很大的争议。

当我们想被后人记住时，名声起到的是一种遗传功能，在这个意义上，名声就是历史。因此，我们才会质疑究竟是谁创造了历史，是英雄？还是人民？英雄通常是有头有脸的人，换句话说，就是有名声的人；而人民是一个抽象的整体，享受的是整体的名声。老百姓和英雄的关系听起来有点儿像绿叶扶红花，但是，如果从名声的角度看，事情就没有那么简单了。整体的名声和个体的名声是不一样的，一个人通常只能拥有整体名声的一部分，但如果换成了个体的名声，一个人就可能全部拥有它。

最明显的继承表现在家庭，许多有名望的家族似乎可以把名声的火炬世代相传。但是，名声也分好坏，坏名声也会伴随一个家族很多年。另外，名声和历史一样，有时候会成为人们前进过程中的负担，比如，我们很难设想鲁迅的后代会超越鲁迅的名声，无论他们做什么，大家都会认为他们是沾了父亲的光，好像一辈子只能生活在鲁迅的光环中。喜欢一个人，不一定要超越他，但是，鲁迅是个例外。我相信很多喜欢鲁迅的人都或多或少想要在某些方面超越他，有些人想超越他的文字，因为他嬉笑怒骂皆成文章，因为他的文字很早就被带到了青少年的眼前，而青少年时期又是模仿力最强的阶段，于是鲁迅的文字就像幽灵一样徘徊在很多青少年的脑海里，谁都想摆脱它。

模仿不一定带来超越，但是，模仿一定会带来超越的想法。因为超越模仿对象常常就是超越自己。一些人想要超越鲁迅的文学，这个并不特别困难，因为文学并非鲁迅的强项，无论是从诺贝尔文学奖的角度看，还是从鲁迅文学作品的水平看，都很容易被超越。还会有一些人想要超越鲁迅的理论，这个更容易做到，因为鲁迅不是理论家，他弃医从文在一定程度上就是放弃了专业和学术，这一点我们过去重视不够。那么，鲁迅的思想可不可以被超越呢？季羡林有一个说法，意思是大师无法被超越，因为大师只有一个，是唯一的。这有点像恩格斯说的典型环境中的典型人物。只不过季羡林谈到的大师更多指向的是学问大师，而不是思想大师。不少人觉得用思想家的标准来看中国，鲁迅比孔子强。张颐武把孔子和章子怡做比较，属于国际传播中的面孔穿越。孔子是教育家，鲁迅也是；孔子想做官，鲁迅不想；孔子是社会活动家，鲁迅也是；孔子没有理论，鲁迅也没有；五四运动是反孔的，鲁迅是急先锋。

这里就涉及思想和理论的关系问题，思想家未必是理论家，反过来说，理论家也未必是思想家。思想和理论恐怕是不能画等号的，思想不一定要用理论的方式来表达。我们很难说这两者谁先谁后，孰轻孰重。问题是，必须先有理论才能有思想吗？未必。这恐怕也是中国传统文化和西方文化的一个重要区别，鲁迅和孔子这两个思想家级别的人可以说都没有什么拿得出手的理论。当然，创造出理论的人肯定有一定的思想，更确切地说，是他们的理论包含着思想。如果一定要去比较的话，那么，思想家的地位是明显高于理论家的，至少在中国如此。就鲁迅而言，他也被很多人叫作革命家，但是，鲁迅并不拿枪冲锋陷阵，笔就是他的枪。鲁迅之所以被称为革命家，很大程度上是因为他首先是个思想家，而不是理论家。

鲁迅希望自己的文字速朽，但是没有，同样没有速朽的还包括他的人格和精神。我们可以超越他的文字，甚至可以超越他所代表的时代，但是很难超越他本人。就算是如今知道了越来越多有关他本人的私生活，就算是社会上长期流传了一些假设他长寿的结果性猜想，我们仍然会敬重他，仍然会为他的勇敢热泪盈眶。

孔子在历史上已经不止一次被打倒，最近的一次是“文化大革命”（以下简称“文革”）期间，孔子和林彪被捆绑在一起，号称“批林批孔运动”。反观鲁迅先生，这样的倒鲁运动一次都没有，反而是对鲁迅的解释已经接近专业性的垄断，就是说鲁学已经快要和红学比肩了。不同的是，红学研究的是《红楼梦》，而不是曹雪芹，所以不叫曹学。

当我们说名声是一种遗产时，实际上是从历史的维度来讨论名声。历史在这里有两种含义，一种是早已有之，也就是当我们来到这个世界时已经有的东西；另一种就是我们要创造的历史。从历史的角度看，越是古老的东西，往往名声越大。因为古老的东西能够流传下来，很大程度上是因为它们经历了历史的检验。

历史本身就是一个很奇怪的东西，就文字记录的历史而言，我们有正史，也有野史。有一些文明是用文学来记录他们的历史的，换句话说，文学方式记录的历史往往有更多的神话色彩。比较中国、希腊以及印度的历史记录方式就可以发现这一点，中国明显属于使用文字来记录历史的国家。不仅如此，中国甚至还有司马迁这样的史官，而史官之位的设立显然不是为了让这些人来写作风花雪月，他们的首要任务是记录本朝的历史，当然，他们也可以写本朝以前的历史。司马迁的故事本身就说明了如实记录本朝的历史有多么困难，更奇特的是，这些史官为了真实地记录他们所看到的历史，甚至惨遭迫害。这和中国历史上敢于谏言的官员有相似之处。

中国的历史上也有一些神话，比如《西游记》，但总体来说，和希腊以及印度的古代历史相比较，神话在中国历史的记录方面所起到的作用明显要小很多。换言之，中国古代历史上的史官对历史的记录并没有那么多的神话色彩，其中一个不大引人注目的原因可能就是，他们主要使用文字来记录历史，而不是用文学的形式记录历史。

听上去好像有一点费解，文字和文学有什么区别呢？对很多人来说，文学不就是用文字写成的吗？为什么还要把两者区别开呢？文学是文字，这不假，但是，文字不等于文学。例如，新闻在一开始也是一种文字，但是，很少有人会认为新闻是文学。报告文学曾经有一段时间也被视为一种新闻报道形式，但后来它基本上退出了新闻报道的领域，一个重要的原因就是，很多中国人认为新闻是不应该虚构的，而报告文学是允许合理想象的，甚至鼓励抒情和煽情。

值得注意的是，很多人认为新闻就是明天的历史，而中国人又是特别看重历史的。中国是一个历史悠久的国家，按照中国人的历史逻辑，如果新闻是不真实的，就会影响到中国历史的记载。正因为如此，一些人才会提出这样的问题，就是我们可不可以从《人民日报》所有的公开报道中看清楚中国的当代史？是否真的可以从过去的新闻中看到过去的历史，这里暂且不做评论，我想要说的是中国人倾向于用真实的文字来记录历史。

同样的问题也发生在电视纪录片领域。纪录片并不是一个中国本土的产物，它是从海外引进的，但是，当涉及纪录片的真实再现问题时，争论又来了。这几乎相当于报告文学的虚构部分，于是，我们在影像领域同样看到了文字领域的问题，也就是历史的真实性问题。即便是在画面作品中，即便是在从外国引进的文化产品中，我们仍然能够看到中国人看待历史的方式。

可以说，所有的文明古国在人类文明的早期都回避不了神话时期，该时期主要是对人类起源的模糊想象，中国也不例外。但是，在中国明确有历史记载的时候，我们看到的更多是文字的记录，而不是文学的记录。这并不是说中国的文学因此就落后了，而是说中国文学的功能指向了另外的地方，而不是历史。虽然我们通常说中国是文史不分家，如同书画不分家，但是，这种说法更像在指形式。也就是说，我们对历史的态度是非常认真的，而对文学的态度则是比较轻松的，因此，我们更容易同意用文学的方式来讲述历史，而不是用文学本身来记录历史。在这里，历史就是历史，文学就是文学。历史是我们民族的真实生活经历，而文学则代表了中华民族的精神部分。

于是，我们可以清楚地看到中国的历史和名声之间的关系，甚至现在还有新闻报道说有村领导用村志来对上访者施压。这个“七品芝麻官”之所以这样做的原因是，村志显然代表了一个村庄的历史，家谱可以说是中国最小的历史记录单元，在封建社会时期，一个人的名字是否可以被写入家谱，往往意味着这个家族是否正式接纳了他。而对一个村民来说，村志如何记录他，就相当于村志对他的看法，这无疑关系到他在村子里是否有面子。我们在中国的一些影视剧中可以看到家谱的影响，这种影响并不侧重于西方式的寻根，而是强调家谱的正统地位，比如男尊女卑、家族成员的历史地位等。

还有一个现象也特别能够说明问题，就是除了村志，中国的很多村庄还有自己的村戏，更准确地说是戏话，就是用戏剧的方式来记录村里的历史。如果一个人被他出生的村子批评，那么，他有可能以负面的形象出现在村子的戏本里面，这样他就会在全村人的面前丢面子、抬不起头，即便他已经离开了村庄，但仍然躲不过村庄对他的历史描述，可谓离土不离乡。

可以这么说，我们有多么需要历史，就有多么需要名声。并且，从历史的角度看，越是古老的历史，越是需要名声来传播，或者越是悠久的历史，越是充斥着名声，意味着越久远就越有名。这会让我们反思，我们今天还需要历史吗？或者说和以往相比，我们是否越来越不需要历史了？之所以提出这个问题，是因为越来越少的人还在在乎历史名声，不论是他们自己的，还是别人的。是因为我们有了更多更现代化的记录历史的方式吗？是因为我们已经越来越不需要用名声这种东西来帮助人们记忆历史了吗？是因为历史已经可以通过技术或者什么东西来自动记录自己了吗？就好像是用新闻记者取代了史官？这几乎直接涉及一个原始的问题——我们为什么要有历史？历史是自然产生的吗？更准确地说，历史是不以人的意志为转移的吗？历史就是一些史书吗？历史的价值在哪里？历史对我们今天的人来说意味着什么？历史是谁创造的这个问题曾经困扰了很多人。理想的答案是人民创造了历史，但大部分史书写了太多的英雄，好像他们代表了人民。现在看来，原来群众也可以被称为群体，而群体是创造历史的一个重要因素。群体并非历来就是起大作用的，它在近代才发力。不得不说，法国社会心理学家勒庞（Gustave Le Bon）对群体的发展历史有天才的判断。

今天我们可以更清楚地看到名声作为一种媒介的价值，例如，很多媒体都希望利用网红来推广他们的报道，网红显然就是一种名声的生存方式。当我们进入消费社会时，名声的市场化几乎是难以避免的。但是，网红的名声涉及周期问题，就是说网红的名声往往更新得非常快，名声传播周期比较短，很快就被人遗忘了。当然，这种遗忘也和记忆覆盖有关，也就是说新的网红在名声上会覆盖旧的网红，长江后浪推前浪。这和历史名声的存留长度简直不可同日而语。究其原因，很可能与文化背后的炒作有关。这种炒作就好像是一种名声的短训班，类似于商业模式上的风险投资，讲究的是规模效应，难以肯定哪个人会红，大面积的播种，限量版的丰收。网红的这种存活周期体现了中国的一句古话：“欲速则不达。”红得快，消失得也快。一方面，是前面的准备工作不足；另一方面，是人物和事件的分离，换句话说，就是人红事不红。传统上是绿叶扶红花，但网红是只有红花，没有绿叶。

现在也有一些媒体尝试用网红报道典型人物，典型人物报道早就是中国的特色，问题在于如何突破，新媒体可能给这种突破带来了一个视角，就是用网红的方式。听上去两者好像风马牛不相及，但是，严肃和活泼结合本身就是个突破，何况今天网红本身已经表现为一种媒介方式。这不仅是一种形式上的变化，恐怕也是思路上的理解。以故宫博物院为例，最近一些年围绕故宫博物院的中国传统文化传播又多了起来，不仅有纪录片《我在故宫修文物》、网红院长单霁翔、《国家宝藏》类电视节目和新闻报道，还有过去的歌剧《图兰朵》和三大男高音，以及电影《末代皇帝》，可见故宫博物院已经成为弘扬传统文化的一个重要传播节点，或者说它本身就变成了一个文化传播的重要媒介。网红有可能还是未成年人的一种学习方式，从传播学培养理论的角度看，网红已经成为新媒体时代未成年人接触最多的一种媒介方式，而媒介学习显然是素质教育喜欢的一个渠道。通常，应试教育更倾向于回避网红。未成年阶段是人生学习过程最满负荷的时候，因此，学习的吸引点在这个阶段就变得格外重要，网红就是这样的触点。

名声是一种评价

距离产生名声/名声与搜索

有时候，我们需要名声作为一种威慑。在我们的语言中，“大名鼎鼎”“如雷贯耳”“名扬天下”“盛名之下”“名门望族”等成语都带有威慑的色彩。名声的威慑作用常常发生在近距离接触时，而在远距离的情况下，名声的威慑作用是锐减的，这就是所谓的天高皇帝远。在人类的近距离接触中，名声常常作为制造距离的手段而被使用，虽然有零距离的说法，但归根结底，我们人类还是需要距离的，距离产生美。

在《三国演义》的文学描述中，赵子龙在长坂坡的神勇表现与他的名声有很大关系，与此同时，张飞在当阳桥吓退曹兵也是有他的名声影响的。归根结底，名声本身是需要距离的，距离不仅产生美，也产生名声。距离越远，名声越容易被放大。名声在零距离接触中常常会被褪去神秘的光环。

当我们遇到一个名人时，可能多多少少会有点怯场的感觉，名声会让一些人趋之若鹜，也会让一些人噤若寒蝉。很多新闻记者在采访名人的时候会叮嘱自己要不卑不亢，按理说媒介是名声的传播者，然而记者也很难回避名声的压力。在采访中，越是官位高的被采访对象，就越是迫使记者采用平等的视线，不能让被采访者有高高在上的感觉；而面对基层的被采访者，记者反而不能趾高气扬，我们强调的民生角度和人文关怀就是这个意思。

从历史的角度看，在一些特殊的对个人名声有明显压抑的时代，个人的名声基本上是被泯灭的。也就是说，个人名声作为一种个体尊严的保护色已经被剥离了，结果是个人名声被集体名声所取代。名声在社会上变成了一种抽象的东西，似乎只属于集体，个人名声不知不觉地和集体名声做了一种社会交换。单纯从名声的角度看，个人名声往往是大于集体名声的，这在大部分的体育运动中都可以看出来。在有关历史的记述中，我们也可以看到这种倾向。并且有一种现象经常容易被有意忽略，就是个人名声对每一个个体来说都有保护的功能，个人名声可以帮助一个人树立自信心，也代表着一种普遍的社会评价。当一个社会把个人成名成家的意识批倒时，常常意味着乌合之众的形成。

在有关名声的评价方面，我们不能忽视的一个因素就是搜索引擎。实际上，在网络发展的初期，搜索还不是一个重要的角色。到了谷歌和百度出现的时候，搜索开始变成一种文化，一种社会日常行为。这带来的问题是，搜索是否等同于看新闻？搜索是不是一种消费行为？为什么很多人如此依赖搜索？从历史的角度看，搜索在过去只是一种学术行为，或者说是一种小众现象，如同书籍的索引栏目。但是，有了专门的搜索引擎以后，搜索就变成了一种大众行为，是每个人看世界的一种方式。我们阅读世界的顺序发生了逆转，以往是从前往后读，现在是从后往前读。

名声是一种口碑

名人代言/普遍名声和专业名声的区别/网络口碑和传统口碑的差异/口语书面化/文字的视觉化

当人类的交往距离越来越遥远时，名声就变成了一种媒介，名声大的地方和人总是优先得到关注。例如，有些名人为一些不知名的地方或者产品做代言，此时这些名人扮演的就是媒介的角色，通过他们，大家才把目光投到这些陌生的事物上面。这时候，有可能出现这样一种规律，当人际交流变成大众传播时，名声的威慑作用在逐渐减弱，而媒介功能在逐渐增强。意思是在人际传播中，名声通常是依靠口碑传播的，人们熟悉名声是通过面对面的形式，虽然不可避免地有道听途说的色彩，但在这种情况下，人们更有可能与名声零距离接触。

名人代言问题如今正在成为社会热点，很多消费者希望通过《广告法》来限制名人做医药广告，而不少名人却觉得自己很委屈。从名声的角度看，名人做广告或者代言明显是在出售自己的名声，也就是说，广告商之所以会请这些名人做广告，是因为他们觉得名人的名声本身就具有商业价值。并不是所有的名人都能够或者愿意来做广告，比如，政治名人通常只做政治竞选广告。我们很难设想政治名人会做洗发水广告，如果看到这样的广告，我们第一反应就会认为这是一种政治行为，有政治背景，是政治推销。而普通的名人做广告则不会让人引发这样的联想。

问题是，当我们仔细研究名人做广告或者代言时就会发现，绝大部分名人所拥有的名声都是普遍性的名声，也就是说他们并不具有专业名声，正是这一点，导致了我们认识上的偏差。名人的名声让很多喜欢他们的人误以为他们什么都懂。

退一步说，即便是某些具有一定专业名声的名人给一些专业产品做广告，我们仍然会有质疑，因为从本质上讲，商业广告需要的是普遍性名声，而不是专业名声，这和一个著名作家推荐一本新书是不同的概念。这里很容易令人想到职场剧的问题，中国的很多职场剧之所以不大专业，其中一个原因和编剧有关，许多职场剧找的编剧虽然有一点专业背景，但是，投资人更看重的是大牌演员。

有趣的是，我们很少指责同样做商业广告的无名模特，仅仅是因为他们做广告的劳务费比名人少吗？或者是因为他们没有名气和号召力吗？过去，我们甚至还会感到奇怪，为什么这些广告模特要隐姓埋名？很多好奇的人甚至会打听这些广告模特的真实姓名。今天看来，或许这些模特才可以不喧宾夺主。

毋庸置疑的是，名人做广告不仅能够增加商品的知名度，同时，也可以扩大自己已有的名声。因为广告比任何媒介都更频繁地和老百姓见面，而频繁出现无疑可以增加名人的名声。虽然广告的频繁播出也会让人产生某种反感，但是，比起某些大牌演员参加演出的几部电视剧同一时间段在不同频道播出（俗称霸屏），广告的重复就显得比较容易被忍耐。

在大众传播的情景下，名声是被媒介包装的，它的传播状态是间接的，不同于人际传播中的直接模式。因此，名声的威慑作用有可能正在逐步减弱，取而代之的是它的媒介作用。我们似乎做到了名声面前人人平等，名声不再是可怕的东西，它被批量生产出来，并且被我们愉快地消费。这可能就涉及了名声的历史演变，我们如今已经不再需要把名声作为一种威慑的东西，名声也不再是神话和传说，它变得越来越现实。

今天，当我们研究网络口碑时，就会发现网络口碑和现实口碑的区别。从前的口碑指的是口口相传，是一种口头传播，也属于口语传播。中文有很多词语是用来形容“口”的，比如说，“祸从口出”“言多必失”“口蜜腹剑”“心口不一”“言不由衷”。在这里，言和口是紧密相连的，言下之意就是大部分的话都是用嘴说出来的，而不是写出来的。而在网络时代的早期，情况似乎正好和历史上的语言发展相反，换句话说，在网络的初期，由于技术和社会需求的发展水平的限制，网络基本上还是以文字为主的，这也许是那时候的网络文学流行一时的原因之一。那时候，我们甚至会有一种错觉，觉得当时的网络几乎就是报刊的复制品，毕竟报刊是人类文字媒介的发展巅峰，谁会觉得网络可以在文字上超越报刊呢？

然而，今天的情况发生了很大的变化。如果说电视的发展的确对方言有一定的复兴作用，那么，网络和社交媒介在一定程度上也复原了传统的口碑。电视对方言的复兴来源于人们对口语的认识，或者直截了当地说，电视可以被划为口语媒介。按照这种逻辑，报刊延续了文字对口语的抑制。通常，方言都不是以文字为基础的，即方言是口语和文字分离的突出表现。尽管有一些地方电视台也开办了方言新闻节目，但是效果并不理想。可见方言新闻并不能够体现电视对方言的复兴。

我们可以把沪语和粤语做一个比较，粤语歌曲对粤语方言的复兴有帮助，扩大了粤语的传播，也让很多人改变了对粤语的看法，喜欢上了粤语。就说话而言，好多人都喜欢听上海人讲普通话，因为沪语是比较柔和的，而上海人说普通话会有浓厚的沪语味道，别有风味。而广东人说普通话就太费劲了。不过，粤语的保存状态比沪语好，因为不仅香港人说粤语，海外华人说粤语的也非常多。实际上，家庭说方言对孩子的影响远远赶不上学校说普通话的影响大，同时，媒体上的方言覆盖也至关重要。现在看，一度被视为创新的电视方言新闻节目在长三角地区并不成功。从戏剧对语言的影响来看，沪剧和粤剧的效果差不多，只不过上海的滑稽戏作用小一些。

方言可以影响社会认同。有一次，我听到一个滴滴司机说他回河南老家后一定要讲本地方言，因为在老家讲普通话会被家乡人笑话。这个故事听上去好像有点不容易理解，按理说荣归故里和衣锦还乡似乎都会以讲普通话为荣，就如同很多海归喜欢说英文。但是，语言很可能有更明显的入乡随俗的色彩，对于家乡人来说，说方言并非是语言保护主义，而更像是一种社会认同。方言的退化常常是在远离家乡之时，很多人都是回到家乡后重新发现了熟悉的语言环境，这和在外地说家乡话是不同的概念。在这个意义上，方言就是一种故乡的标志，而故乡又是极少数国家所共有的一种精神情结。中国古诗就有“乡音无改鬓毛衰”这样的诗句。

那么，口语是否应该书面化呢？这更像是一个学术问题，于丹在这方面可以说是一个代表。很多人说她有书卷气，似乎是因为她说的东西可以直接成文，无须整理。但事实上，文字和口语是很难互换的。于丹的所谓书卷气更多体现在她的口语部分，滔滔不绝、严丝合缝、滴水不漏。不过，一旦她讲的这些东西落实在文字上，感觉就变了，好像文字被注了水。为什么会发生这种情况呢？很大程度上是因为我们的听觉和视觉是不同的，在耳朵听来，会讲故事是非常重要的；而在眼睛看来，故事需要变成案例研究。讲一个理论和写一个理论是不同的概念，口语常常是不讲逻辑的，而文字是强调逻辑的。

有一些地方报刊也曾经尝试把地方方言转换成文字，但并不成功。当许多人不想读书时，文字口语化好像是捷径，不过，这样的方式似乎更适合演讲。我们是否应该把文字的还给文字，把口语的还给口语呢？文字是有教育门槛的，常常被视为一种文化的标志。而口语在过去一直被认为比较粗糙，属于下里巴人。但是，当口语书面化时，口若悬河就变成了一种有文化的标志。这就好像是来自社会底层的残疾诗人余秀华因为她直截了当的诗歌引起了社会关注，她仿佛是从口语走向了文字，形成了一种独特的口语书面化风格，这种巨大的反差从某种角度来看是她出名的一个因素。

由此看，网络口碑和传统口碑的区别在于，前者传播速度更快，可以批量生产，比如网络水军；后者往往需要一个口碑发酵的过程，所以会比较慢，但传播效果也会比较持久。互联网看上去在相当程度上改变了口碑的含义，使得口碑匿名化，可谓匿名化交往。过去，口碑更像是一个熟人社会的产物，有意见领袖。那么，为什么现在的口碑研究集中于市场营销，更多地关注个人购买行为呢？简单的解释就是，首先，企业需要这样的口碑报告，这种研究容易找到经济资助；其次，网络口碑更容易获得数据支撑，毕竟网络本身有大数据的支撑，这给口碑研究带来了生机，也带来了便利。我们甚至还可以把弹幕看成一种网络口碑的表现形式，理论上来说，弹幕有互联网属性，虽然央视也在新闻节目中尝试过弹幕。2017 年国庆节期间，央视的新闻节目出现了弹幕，让人感觉很新鲜，毕竟央视的新闻一向严肃，而弹幕的形式则相对比较前卫。一般的弹幕是在屏幕上部出现，央视采用的是在荧幕下半区走弹幕，内容类似于褒扬的吐槽，速度也比较适当，因为电视观众的年纪可能比网络观众大很多。这种弹幕不同于央视新闻节目常见的底部飞字幕，央视屏幕仿佛变成了电脑画面。

通常我们很难想象文字的视觉化，但是，从电视解说词到弹幕，文字已经发生了很大的改变。读文字和看文字有微妙的不同，我们往往不会把文字传播称为视觉传播。中国的书法可以算是一种视觉文字，同样的道理，音乐喷泉可以说是一种视觉声音。这里有一个问题，那就是到目前为止，为什么只有亚洲流行弹幕？有人说可能是因为象形文字更方便弹幕，听上去好像是东西方报刊版面的差异。不过，我认为中外文字在弹幕上并不会有那么大的区别，更可能是因为文化习惯不同，西方的屏幕直播更倾向于把观众评论和影视场景分开播出。

实际上，当网络综艺节目被改编到电视频道上播出时，基本上都去掉了弹幕的形态。也就是说，弹幕大概只适合网络，和电视机并不配套。当然，如今已经有一些人把家里的普通电视机换成了大屏幕，有了电影院的收视效果，再连接上网络，就可以在电视上观看网络节目，网络和电视一体化了，这可能会增加弹幕的传播力度。

名声是一种资本

名声和成绩的先后顺序/网络名声/表演与传播的关系

在生产型社会中，名声更多地表现为政治资本。比如，从中华人民共和国成立初期到“文革”时期，名声更多表现为政治资本，是称号和荣誉。而在消费型社会中，名声则更多表现为经济资本。今天，我们看到了更多的名声消费，名声开始有了价格，可以出卖，可以交换。名声可以给我们带来财富，名利几乎成了与名声不可分割的词语，争名夺利司空见惯，社会好像成了名利场，人们在狂热地追逐着名声的短期效益。就名声本身而言，它是有长期效应和短期效益的，过分地追逐名声的短期效益就会损害名声的长期效应。这也是今天我们社会心态浮躁的表现。

实际上，名声本身也可以被视为一种资本，否则我们就很难理解为什么会出现那么多的网红，他们基本上就是名声的产物，先有名声，再有其他。过去传统的成名模式是，先有业绩，才有名声。如今很多东西都颠倒了，未见其人，先闻其声，这个“声”就是名声。有了名声，就会有注意力，也就是我们通常说的眼球注意度，然后一些所谓的名声推手就有可能把这种注意力转化为一种名声资本。

互联网和传统媒介有一个非常大的不同，即互联网被称为注意力经济，也就是说，它几乎是无条件地关注网民，它不再有专门的编辑部，所有网民就是网络的主人，他们共同制造网络的内容。在这种情况下，网络有可能再现了我们人际传播中的名声模式，只不过它用的是媒介的形式，这种名声可以叫作网络口碑，或者媒介口碑。网络口碑与传统口碑是不同的，传统口碑是口口相传的，是看得见的；而网络口碑是看不见的，所有网民在理论上都是潜在的传播者。

单纯就名声而言，网络名声总让人觉得比传统名声差很多，这恐怕不仅仅是因为人们对网络存在偏见，同时也反映了网络名声和传统名声存在很大的不同。比如，网络是海量的，因此，它生产的名声可以是批量的，有大量的网络推手存在。我们还可以把网络名声视为一种准名声，也就是说，它可能不大符合传统名声的定义，这也正是很多人看不起网络名声的原因之一。

很多行业都会有这样的体会，如果想要在行业里面获得大家的认可，首先可能就需要逐步建立自己的专业名声，或者说影响力，如果别人不知道你，那么你很难得到更大的发展空间。比如，对于一个学者来说，发表文章是建立知名度的一个重要途径，另外就是要通过学术讲座或者演讲来扩大影响力。值得注意的是，如今有两个因素对学术名声的影响特别大，一个是项目，另一个是技术。即便是对社会学科来说，能够拿到大的研究课题和项目也是非常重要的，它可以提升一个研究者的学术名声。技术因素可能有一点难以理解，这是因为在新媒体时代，技术扮演了一个特别重要的角色，这要求研究者有与之匹配的技术能力，这种技术能力可以是研究方法上的，也可以是对技术发展的深刻理解，毕竟新媒体常常被称为技术媒体。

学者几乎不可能像演员那样一夜成名，文艺之所以可以一举成名，很大程度上是因为观众的规模。因为一般意义上的名声和观众的数量是成正比的，观众越多，作品和演员就会越出名。而且演员的出名还有一个看上去有趣的秘诀，即演员是间接的，而作品是直接的。但是，在扮演方面，演员变成了直接的表演者，作品在这种时候好像退居二线了。因此，我们可以理解为歌曲的演唱者通常比歌曲的作者更出名，可以获得更多的收入。

在这里，我们可以看看传播和表演的区别，虽然表演也是一种传播，或者说人类的传播行为本身也有浓厚的表演色彩，但是，二者仍然有明显的差异。首先，传播更多是一种中介行为，比如记者的角色，而表演偏向于直接，比如小剧场的话剧；其次，传播的距离往往是越远越好，而表演的距离则是越近越好；最后，表演属于演员的主体行为，而传播是记者的客体行为。演员原则上并不怕特写镜头，因为表演基本上还是形象艺术。但一些广播播音员并不想跟听众见面，因为这样反而可以保留一份神秘感。很多听众喜欢的是播音员的声音，而不一定是这些播音员本人。这就好比作家和作品的关系，大部分读者都只是喜欢作家的作品，作家和作品在这时候是分离的，作家更像是一个幕后英雄。有意思的是，演员的表演本身就变成了一个作品，我们可以称之为表演作品。正是在这个意义上，表演本身成了一个原著的形象化过程，一个小说中的人物带给我们很多的想象，而演员恰恰是把这种想象定型的魔术师。

名声是一种形象

名声与形象的关系/名声学

好的名声可以转化为好的形象，而坏的名声就会形成坏的形象。名声和形象在一定情况下似乎是可以相互转换的。

名声和形象的关系是非常密切的，今天的名声已经越来越多地被赋予了形象的色彩。比如，我们现在看到了越来越多的形象代言人，有的明星代言的是一个地方，为的是让人们把这个地方和这个明星的形象联系起来，让名声具体化；有的明星代言的是一个商品，目的是激活这个产品，让人们在使用这个产品时能够对号入座想到那个名人的形象。实际上，代言的现象几乎无所不在，让我们觉得仿佛名声不仅有价格，还有形象，是活灵活现的东西。

看上去这好像是一种双赢，一方面，名声有了更多的用武之地，从虚幻走向了现实，从想象走向了形象，似乎插上了形象的翅膀；另一方面，形象在名声中的地位也提高了，我们现在似乎很难想象没有形象的名声，几乎所有的名声都和一个具体的形象相关联，并且大部分是和美好的形象有关。

但是，这也给我们提出了问题：所有的名声都需要形象吗？坏的名声就必然搭配坏的形象吗？难道好的名声就不能有差的形象吗？这很容易让我们联想到一种现象，就是当明星代言的产品出了问题时，明星怎么办？听起来这似乎只是一个法律问题，但事实上，这里就涉及名人对自己形象的出售，进一步说，也就是一种名声的买卖。当名声变成了一种纯粹的商品时，我们禁不住就会问，是否名声的消费者也可以要求保护消费者的权益？显然，现在保护消费者权益的相关法律法规还不可能把名声写进去，甚至在道德上也很难谴责名声，因为并没有人强迫大家把名声和形象捆绑在一起，它们是“自由婚姻”。

当我们说形象工程时，我们经常是在讲一种外部的东西，也就是说，形象在这里更多是指向了面子。很多西方人都知道，中国人是非常爱面子的。鲁迅先生在批判中国人的国民性时，也说到了面子问题。尽管中华民国时期的国民性研究受到了日本的影响，但我们仍然可以看到形象和名声的微妙差异。比较来说，名声一词有更多的内在性，即便名声的概念如今和形象的联系越来越紧密，我们依然可以感受到两者的区别。所以说名声和形象之间可能存在一种规律性的关系，具体说就是名声和形象越来越近的关系似乎是当代的一个变化，这使得扮演和表演的名声越来越大。或者我们可以把形象叫作直接的间接性，而把表演比作间接的直接性。

名声和形象这两个词语有细微差别，比较来说，形象一词似乎要比名声更中性一些。考虑到如今并没有成型的形象学理论，因此，各种各样有关形象的研究就显得缺乏坚实的学术基础。很多针对形象的研究都比较容易进入美学的领域，这并不奇怪，毕竟中国传统文化的研究特色就在美学这样的模糊区域。因为中国的学术角度是强调整体，而西方是突出分类和专业，这就反映出中国和西方学术研究的一个差异，即整体和部分的区别。

这就好像是中医和西医的区别，虽然我们不是医生，但是，很多人都可以感受到这种不同。西医似乎是头痛医头、脚痛医脚，就事论事，直截了当；而中医则是由内而外，系统工程。看西医时，我们很容易把医生当成专家，越专越好，我们好像是把自己身体的主宰权交给了医生；而看中医时，我们似乎是把医生当成了人生导师，仿佛他们主要关注的是我们的心灵，并非身体，心灵导师的意义往往是把你的身体还给你自己。于是，中医越老越值钱，依靠的是经验。中西医在骨科上的态度比较有意思，比如说骨折，西医的治疗方法往往是打石膏、打钉子、手术；中医则好像是大事化小，打夹板，涂特别的药膏。有一点奇怪的是，在其他病的治疗上，中西医的态度似乎并没有这种区别。这可能是涉及人生的观念问题。我们通常认为中医看病时是综合地看，可谓整体把握，但是当中医大夫开药或者给处方时，却好像又在追求独特，简单来说就是：看病时万变不离其宗，治病时反而因地制宜。而西医似乎正相反，看病时分工仔细，开药时却遵循以不变应万变的原则。

和形象研究类似的是，名声研究也没有名声学理论方面的支持。我们目前为止看到的有关名声研究的文献更多地集中在广告和营销领域，也就是说，相当多的相关研究是把名声当成品牌来论述的。这种情况在消费社会中是难以避免的，因为学术研究也很难在市场消费浪潮中独善其身。比如，我们在新闻学研究中就很容易看到经济话语，不仅是在大学生的学位论文中，甚至在专家学者的研究中也可以发现这种情况。一个标志就是明明在研究新闻报道，却用了好多经济术语，比如性价比、投入产出。要知道这些研究的方向并非经济新闻，研究者也不是传媒经济学方面的人士。这也从一个侧面反映了新闻学还缺乏自己学科的话语体系。

第二章　名声是怎样产生的？

必然与偶然

名声的偶然性/交往圈的人数/位置名声/星二代

在有关名声的所有谜团中，排在首位的应该是名声的产生。虽然我们可以说一个人的出名有其必然性，就如同一句谚语说的那样："是金子迟早会发光。"但我们难以否认名声的产生也有它的偶然性，甚至从某种意义上说，在产生名声的环节中，偶然性远远大于必然性。这就像很多女人都很漂亮，但最后因为脸蛋出名的女人并不多。中国古代有四大美女之说，也有东施效颦的成语典故，在这种情况下，形象通常只是一个女人出名的条件之一，是一种基础，如果仅仅停留在这一步，就等于"养在深闺人未识"。

怎么解释如今网络时代的芙蓉姐姐现象和凤姐现象呢？说她们是东施效颦的话恐怕没有什么说服力，因为今天是模仿秀的时代，模仿并不是什么可耻的事情，何况她们的做法本身就有一点标新立异。同样的道理，有了她们两个人的案例，我们也不能说所有长得不好看的女性就都有了出名之日，这显然不是一个简单的自信心问题，也不是审美疲劳的反弹。

在名声产生的问题上，我们容易联想到舆论。很多人熟悉舆论，舆论是我们经常接触的东西，甚至我们都可以算是制造舆论的一员，但舆论是如何产生的呢？通常的说法是，有了人，就有了舆论。也就是说，舆论的历史和人的历史一样长。孔子说："三人行，必有我师焉。"照此类推，三人行，必有舆论吗？换言之，多少人才可以构成一个舆论场呢？因为舆论毕竟体现的是人类的进化，也只有人类才会有舆论一说。西方有社会学家把人类经常性交往圈子的人数界定为 150 人左右，也就是说，一个人交往的各种人物加在一起，数量有限。这里就涉及交往的概念，虽然我们一生阅人无数，但真正能够称得上交往的人并不多。在日常生活中，我们都会有一种体验，就是往往参加聚会的人越多，我们认识的人越少。我们常常是在一个聚会之后，收了很多名片，可是却记不住几个人。因为我们把交往的时间做了平均的分配，结果就是能够治百病的药往往什么病都治不了。

媒体通常被公认为是对舆论影响最大的机构，甚至在很多人看来，新闻媒介就是制造舆论的工具。但奇怪的是，媒体也说不清楚舆论到底是怎样产生的。之所以这么说的一个典型的推理是，如果媒体能够在舆论的问题上呼风唤雨，那么，它们就可以完全控制舆论。但事实上，一些媒体大力宣传的人物和事件并没有火起来，也就是说，很多受众对这种传播并不买账。

名声也一样，我们不知道为什么在同样的条件下有些人就红了，而另外一些人仍然默默无闻。比如，北大前校长林建华在校庆上念了一个白字，引起了轩然大波，很多人之前都不知道北大校长姓甚名谁，这次一下子就都知道了。北大校长这个位置肯定是一个出名的岗位，无论谁在这个位置上都会获得应有的名声。但是，这只能算是一种位置名声，要想让更多普通人将某一位北大校长对号入座，那么，没有一个特殊的名声事件恐怕是很难做到的。这就难怪今天的很多大学校长都非常重视自己在开学典礼和毕业典礼上的讲话，特别是在毕业典礼上的演讲，如果足够精彩，就会被媒体广泛传播，从而让很多人了解自己。甚至中国也已经开始学习西方大学毕业典礼的做法，邀请一些知名的校友来发表演讲，这使得大学的毕业典礼变成了一个有一定声誉的演说场所。

最容易理解的一种名声就是星二代，也可以称之为名二代，因为他们的父母甚至爷爷奶奶辈就是名人，比如洪晃。不能说他们是含着金勺子出生的，但不妨说他们是含着名勺子来到这个世界的，他们的名声首先来自自己的长辈。不过，一般情况下，名二代的名声都很难超过名一代。规律是，父母的名声越大，给子女带来的名声也越大，同时，给子女带来的压力也越大。因为大众是按照他们父母的标准来看待这些子女的。有一个例外，就是贵族，特别是王室，只要王室还存在，他们后代的名声似乎就不会有很大的变化，和王室成员的后天努力关系不大。因为如今已经不是封建社会的世袭时代了，他们的地位更多是荣誉式的，也就是说，权力变成了权利，名声从实际的权力中分离出来了，就好像一个退休的官员。不同的是，王室还可以利用历史的名声继续他们的美好生活，可以说是一种名声式的生活。浙江卫视的节目《我不是明星》就是一个例子，这档星二代节目想通过星二代来宣扬励志，但这本身就自相矛盾。他们的父辈已经占用了大量的公共媒介资源，如今他们自己又由于父辈的关系站上舞台，这让人情何以堪。

必要非充分因素

圈子和群的传播差异/名声和圈子的关系/圈子和单位的区别/文艺的里圈和外圈/社会科学的普及

在我看来，名声的产生至少和以下几个因素有关：

首先，要有圈子。如果你身处名利场，周围都是名人朋友，恐怕你不想出名都难。所谓物以类聚，人以群分。因此，我们可以理解为什么现在很多图书出版的时候都会有名人推荐。在新媒体时代，我们可以清楚地看到转发的影响，特别是一些名人和明星的转发。在这种转发中，我们可以看到一种趋势，那就是名人对名人的转发，这在新浪微博中表现得比较突出，甚至形成了一种我们可以称之为名人口碑的东西。换句话说，口碑本身变成了一种圈子，比如湖南卫视的流行节目《爸爸去哪儿》，这个节目主要由明星和他们的孩子参加，这就给名人口碑留下了充足的余地。实际上，很多人确实是在名人口碑中了解这一档节目的。

我们可以看看群和圈子的差异。按照现在新媒体的划分，朋友圈里的人通常都是认识的，或者说是被通过认证的；而群里的人未必都是熟悉的，也就是说，因为如今建群的门槛很低，你很可能经常被别人拉进群里。群和圈子都是群体的概念，不同的是，群里的人可能更陌生，他们不一定被你允许看自己的朋友圈，你朋友圈发的东西也有可能不合群。

群传播和圈子传播有区别，在微信里，两者的区别是比较明显的。朋友圈涉及的人更广泛，虽然人数有时候未必多于群。并且，朋友圈有限制别人看多少的权限。而群更具有讨论性，有点对点的色彩，更接近群体传播，群的主题味道更浓厚。在中文里，圈子比群体的含义更近一些。圈子的起点是个人，可作日记看待；而群则容易被裹挟。微信的朋友圈传播可以被称为一种圈子传播，它和群传播不同，群传播的即时感和共时性更强，圈子传播则可以让一个人展示或者暴露他的另一面。另外，由于有微信公众号的进入，朋友圈成了第一手的信息来源。比较而言，圈子比群更开放，自我的表现更突出。

现在有一种现象，就是圈子似乎正以它的流动性取代阶层的固化。作为一种社会概念，阶层肯定是一直存在的，并且它比阶级的概念更容易被现在的社会所接受。“文革”以后，社会重心从阶级斗争转向了经济建设，“阶级”一词在一定程度上被逐渐淡化，而“阶层”一词悄悄地代替了“阶级”的语言位置。不过，从理论上说，阶层的垂直色彩往往超过圈子，而且阶层的庞大性相对限制了它的移动性。因此，圈子的概念应运而生，它不失为改变阶层的一种方式，特别是在社交网络如此发达的时候。我们甚至可以发现圈子和立场的某种关系，无论是在现实生活中还是在虚拟世界里，我们都会发现一个人的圈子往往会影响他的立场，这种影响有可能超过阶层对他的影响。反过来说，一个人的立场也在一定程度上决定了他有什么样的圈子，立场越明确的人通常会有更接近他们观点的圈子。在圈子里，受教育水平越高的人常常更容易排斥和他们立场不同的人。

我们还可以把单位和圈子做一种区分，单位往往是纵向的同事关系，这并不等于同事之间的交往有多深；而圈子则更像是横向的人类交往。于是，我们经常可以看到同地不同圈的现象，即你们可能在同一个单位工作，但你们如果不是一个圈子的，那么圈子的熟悉程度通常大于单位。

既然名声和文艺离得这么近，那么，我们应该更细致地分析艺术欣赏中的里圈和外圈。几乎在所有的文艺鉴赏中，都存在两个圈子，一个是专业的圈子，另一个是大众的圈子。这两个圈子是有交集的，这个交集的地方就是由很多对艺术感兴趣又不够专业的人士组成的。从创作者的角度看，即便是为大众创造流行文化的作者也往往不得不同时考虑到业内人士的感受，也就是说，他们是从里圈出发的，需要经过里圈到达外圈。创作者拙劣的技术错误显然会受到同行耻笑。创作开始时，创作者更多考虑到专业圈子还是大众圈子呢？这是一个很难回答的问题，雅俗共赏显然是一个不错的选择，但有没有一条中间的捷径呢？在实际情况中，朝通俗艺术方向走得越远的艺术家往往也是反叛纯艺术最彻底的人，这和《百家讲坛》模式有类似的地方，学术社会化的程度常常和象牙塔的反应成反比。不过，学术圈和文艺界有很大的不同，学术的终端读者基本上都是同行，属于同仁圈子，大家水平比较接近，它本身不是一个普及的过程。在这一点上，社会科学和自然科学又有微妙的不同，我们现在经常说的科普一般指向的是自然科学的普及，如同普法，它的含义是非常清楚的。但我们很少听说社会科学和人文科学的普及活动。

那么，社会科学和人文科学就没有普及活动吗？在现实中是有的，比如我们特别熟悉的马克思主义思想普及活动，不仅出现在大学的政治课中，也出现在我们日常看到的政治新闻报道中。看上去，这种思想的普及活动是潜移默化的。而自然科学可以说是一个更小的圈子，或者说它的门槛更高，因此，科普和纯粹的科学研究完全是在两个没有交集的圈子里进行的。普通人在中小学会学习自然科学，但如果他们在大学里选择的不是自然科学方面的专业，那么他们就等于离开了科学家的圈子。而艺术则有很大的不同，例如，20世纪末中国大学生在欣赏交响乐时会表现出某种机械的痕迹，通常他们不会不懂装懂，而是喜欢采用学习的方式来理解交响乐，因为交响乐在他们的心目中代表着西方文化的高雅。这时候就产生了一种身份上的矛盾，一方面，他们作为单纯的交响乐欣赏者去欣赏交响乐；另一方面，他们又想进到专业的圈子去理解创作者的意图。

其次，媒体是名声的助推器。一般来说，离媒体越近的人和事越容易出名。在公众人物的判断标准上，有一条是媒体接近权，在名声问题上也同理。电视主持人是最能够体现这个道理的，看上去他们只是天天坐在那里，特别是新闻播音员，每天念别人写的稿子，坐着出名。更夸张的是天气预报主持人，仅仅是因为经常出现在电视屏幕上，而天气预报节目恰恰又是观众数量最大的节目，于是，他们混个脸熟是再简单不过的了。

不过，需要说明的是，人类社会并非一开始就有媒体，也可以说，在相当漫长的历史时期里，名声是在没有媒体的情况下产生和传播的。在没有媒体的历史中，历史的记录显然是非常重要的，史官往往决定着很多历史人物的名声。简单地说，那些被记录下来的人和事通常都会被认为具有一定的名声，因此，我们看到更多的是当时的统治者和战争英雄的名字。

第三章　名声的历史

口口相传的名声时代

人类名声与动物名声的区别/人类名声与自然名声的差异/横向名声和纵向名声/时间名声和空间名声

从某种意义上说，人类历史本身就是一部名声史。名声大的人和事往往能够获得更多的历史描述。本书研究的是人类的名声，换句话说，我并不研究人类以外的名声，比如动物的名声等。因此，我研究的名声是以人类的感受作为出发点的。就像名山大川虽然浩浩荡荡，但如果失去了人的角度，也就变成了无人欣赏的客观事物。由此判断，这里所说的名声是一种主观的东西，是人的主观意识产生的客观事物。我们现在能够判断的是，人类是动物界唯一分得清主观和客观的物种。

自有人类社会以来，名声就伴随着人类的进化而发展，当人类为自己的生存而忙碌时，几乎很少有时间来考虑精神方面的事情。所以说，名声是一种奢侈品，人们有了闲暇时间，才有可能关注名声一类的东西。

历史的呈现常常和历史的记录者有着密切的关系。在没有文字记载的口头传播时代，名声的传播通常带有浓厚的神话色彩，似乎一个人的名声如果不借助神灵的力量是很难流传的，那是一个人神难分的时代。我们甚至可以推测，那个时代的名声是很难传播到远方的。

巧合的是，今天我们在翻译英文 communication 时，至少有两种译法：一种是传播；另一种是交通，中国交通银行的译名中就有 communication 这个词。这种情况恰恰从一个有趣的侧面说明了，没有交通，也就没有传播。在人类的传播史上，交通是一个十分关键的因素。烽火台不仅是人类战争的遗迹，也是人类早期信息传播的方式之一；鸽子送信就是鸿雁传书；铁路的出现加强了传播的时间观念，而航海的发达则使得传播具有了全球色彩，汽车和飞机更加快了传播速度。从新闻史的角度看，早期很多报刊的发行人就是当地邮局的负责人。

名声的传播就如同滚雪球，必须是运动的。在这个意义上，我们可以说，没有传播，就没有名声。口碑是一个非常形象的词语，表明人们在口口相传，是一种典型的口头传播。即便在今天，我们仍然可以看到口头传播并没有消亡。有的人在新闻媒介上的名声很好，上了电视和报纸，但是依然有许多人觉得他的口碑不好。这种情况的出现，就说明口头传播不同于其他的传播形式。

通常我们认为口头传播是差别最大的传播形态，甚至在有关传播的游戏中，我们也常常嘲笑口头传播方式，好像它是流言蜚语的代名词，就如同现在许多人说网络是假新闻的温床。因为口头传播是人与人之间的接替性传播，传播的内容似乎容易走样。但不要忘记，名声的传播通常是人性化的传播，而人际传播恰恰是最强调人与人之间的信任和权威的，所以它自然会有情感加权。文字传播讲究的是准确，这对信息传播是非常重要的；但名声的传播可能不是一种准确的传播，相反，它可能是一种模糊的传播；画面传播，也可以说是视觉传播，虽然它的煽情效果是非常明显的，但是也有可能忽略人们在接受上的差别。

回到口头传播时代，那时的名声很难传播得太远，换句话说，名声常常是局限于一地的，而这种地理局限越大，越容易加大名声的垂直效应。比如，一个部落，通常是首领的名声最大。名声的垂直感越强，可能表明名声的威慑力和压迫性越大。以此类推，一个国家的名声也是如此。而当名声的横向作用越大时，名声的形态就越趋向于扁平型，这个时候，名声的威慑力和压迫性就会逐渐减弱，而名声的消费和媒介作用就会增强。人类的名声历史基本上就是在这个纵向和横向的坐标轴上运动的。

我们可以把名声的传播分为偏向时间的和偏向空间的，也就是说，名声有它自己的时空观，有的名声注重空间的扩张，也有的名声追求时间的永恒。最理想的名声当然是时空双赢，但是这个目标往往难以实现。

我们还应该注意的一点是，在口头传播时代，名声是相对最容易控制的，这也许就是印刷术在初创时期一直受到政府限制的原因之一。虽然说口头传播是参差不齐的，但这可能正是名声传播的一个优势，神话般的名声正是通过逐渐递增的口头传播模式形成的。比较起来，在名声的传播方面，媒介传播的效力似乎是逐级递减的，而口头传播则倾向于逐级递增。媒介传播靠的是规模化和统一性，同时到达，阅读无差异性。因此，第一次阅读是非常重要的，它会形成信息认知群体，这就是为什么电视直播会显得那么重要。而口头传播仿佛正相反，第一次传播并不那么重要，重要的是后面的加速度传播。这和谣言传播非常相似，因为是点对点的。因此，在口头传播中需要有加强值，用来推进它的二级传播，如同三级火箭的推动，道听途说让位于绘声绘色。事实上，在有了媒介传播之后，人类的故事含义发生了十分巨大的变化，讲故事的人变成了媒介，而媒介故事往往受限于客观发生的事件本身。

文字传播对口头传播来说明显是一种抑制。以文字为证，是纸质传播时代的规则。换句话说，这是对口头传播的不信任，所谓空口无凭。虽然文字传播也可以有夸张的表达，但文本是可以保留的，因此能够在一定程度上避免口口相传带来的夸大和误传。我们甚至可以这样理解，人类发明文字的一个重要动机是记录，不仅记录历史，也记录文化。而人类的口头语言并非为了记录，说话是一个自然的过程，它更多是一种人类表达的需要。我们今天还可以看到这种痕迹，当我们说一个人是文盲时，指的是他不识字，但这一点并不妨碍他拥有母语，也就是他可以说话。就像旧社会有的演员会唱戏，但并不识几个字。反过来说，好多中国人英文阅读能力很好，但他们的英语听力和口语很差，因为英语不是他们的母语，但这不影响他们学习英语文字。母语是从小养成的，而文字阅读并不一定是。

就文字和口语的比较而言，我们经常会发现有人善于说，不善于写。比较来看，文字往往不善于倾听，或者说文字的讨论色彩更浓厚；而口语经常可以通过聆听来逃避对话。在这个意义上，口语比文字更喜欢陶醉在一个人的世界里。过去，我们通常认为写东西是一种功力，似乎聊天的门槛更低，今天看来未必如此。人类为什么发明文字？除了众所周知的原因以外，还有一个心理因素容易被忽视，就是文字的两面性。口语是可以不经过思考就说的，不用过脑子；而文字不同，文字可以想了再说，也可以边想边说，是可以想和说同时进行的，甚至可以延迟和推迟进行，减少风险。

白纸黑字的名声时代

书籍和名声的关系/视觉名人/文字历史和口头历史的差异

当人类进入文字时代时，名声的传播发生了翻天覆地的变化。中国人习惯说“白纸黑字”，这是文字崇拜的表现。历史在这个时候成了文字的历史，也就是说，历史具有了现实的表现形式，比如，从书籍到报刊，今天的新闻就是明天的历史。同时，历史拥有了自己的语言，通过文字，人们将历史告知后代。但是，也正因为这一点，历史出现了扭曲的可能，历史成了记录的历史、选择的历史，它遗漏的肯定比记录的要多。谁写历史，怎么写历史，都直接影响到我们看到的历史。我们看到了很多“司马迁”的故事，这些史官为了公正地记录历史，付出了惨痛的代价。这也反映出当时的人们是多么重视历史记录。而今天，人们似乎更加关心新闻报道的描述，而不是历史的记载。

今天的历史学家充当的已经不是古代的史官，人们更多是在新闻记者中寻找当代的司马迁。换句话说，新闻记者在某种程度上取代了历史学家的位置，偏向时间的历史让位于偏向空间的历史，当代史大于古代史，人类好像忽然没有了历史的负担。历史曾经是四大文明古国的财富，也曾经是他们的负担。就如同名门之后，往往很难超越他们的前辈。

书籍是我们人类遇到的第一个文字上的朋友。在书籍出现之前，我们的历史是没有文字的历史，是流动的历史，是难以凝固的历史，是依靠口头传播的历史；有了书籍以后，我们的历史和文化就如同游牧民族过上了定居的生活。我们中国人习惯说“白纸黑字”“板上钉钉”“盖棺论定”，就是说在有了文字以后，我们更容易相信由文字写成的历史。如果说在口头传播时代，人们更容易相信权威者说的话，那么在文字传播时代，这种信任就转到了文字上面。也就是说，从口头传播时代到文字传播时代，传播者和传播内容发生了某种程度的分离。过去我们更容易相信传播者，“谁说的”是非常重要的，有时候“说了什么”倒可能退为其次了；而在文字传播时代，你说过什么，有可能就会被记录下来，由不得你是否承认，这样一来，文字就使得我们的文化具有了一定程度的客观色彩。我们经常说口头传播容易产生谣言，说的就是这个道理。口头传播比文字传播显得更主观。

那么，书籍和名声之间是什么关系呢？可以说在书籍出现之前，受到地域的限制，名声的传播基本上是靠人际传播来完成的，而人际传播和大众传播的主要区别就是：人际传播比较主观，比较情绪化，情感色彩浓厚，不确定性因素较多。因此，在人际传播中，名声的传播是比较缓慢的，名声的纵向传播更加明显，换句话说，名声的传播更加追求历史效果。这可能也从一个侧面证明了，如果传播的横向功能受阻，其纵向功能就可能会被放大。因此，在大多数的原始文化中，名声的传播权力常常被控制在原始部落的长老或者歌手的手中。名声基本上是在一个熟悉的环境中进行传播的，这不仅是为了加强信任感，更加重要的恐怕是形成了名声的内部传播环境，也就是说，名声的内部传播价值更大，外部的人很难介入。

而书籍传播可以说是大众传播的第一阶段，印刷术和印刷机彻底改变了人类的名声传播模式，使得人类的名声传播第一次变得规模化了。书籍使名声可以被批量生产，使名声可以被携带，使素昧平生的人可以见字如谋面，使外部的人可以分享内部人的名声。名声的传播速度加快了，传播范围扩大了，名声不再依靠长诗的传唱而是依靠文字的记载了。口碑让位于纸碑，红口白牙被白纸黑字所取代，空口无凭，立字为据。

事实上，一直到今天，我们仍然可以看到著书立说对名声的影响，著作本身依然令人羡慕。很多人在电视上出名以后，仍然忘不了著书，并且还会搞一些有场面效果的签名售书活动，使自己从视觉名人变成文字名人。视觉名人和文字名人的区别是，视觉名人在观众心目中容易对号入座，名人和形象之间需要建立一种对位关系；而文字名人则可以拉开距离。所谓距离产生美，这句话非常适合描述文字与人的关系，也就是说，文字首次实现了人类历史上名声和人的分离。

我们可以发现，很多人在选书的时候并非是冲着作者去的，甚至许多人看完一本书以后，居然都不记得书的作者是谁，这并不都是因为他们不求甚解。一个很重要的原因是，文字实现了内容和形式的分离，读者看书时可以不考虑作者的名声。从这个角度来看我们就会发现，如今的畅销书似乎可以简单分为两类，一类是冲着作者去的，就是说读者之所以买这本书是因为作者的吸引力；另一类是冲着书去的，也就是说在买这本书之前读者并不知道作者是谁，他们只是觉得这本书好看，或者听说这本书很好。

实际上，到目前为止，人类主要有三种传播形式：视觉传播、文字传播和声音传播。有意思的是，许多听众对广播电台播音员和主持人的声音是非常崇拜的，但当一些电台主持人从幕后走到台前，上电视或者参加听众见面会时，就会让一些听众感到失望，因为他们很难把自己崇拜的声音和现场的主持人对应在一起，这里就发生了某种传播上的错位。这说明视觉传播和声音传播在对位方面是比较追求一致的。而文字传播则不同，我们没有听说过书籍的读者会苛求作者的形象。这从一个侧面说明了文字传播是一种深度传播。

在人类早期的历史上，不论是希腊神话中的英雄，还是中国古代的帝王将相，往往都有出众的形象，所谓帝王之相，魁梧高大，比如楚霸王项羽。当时还没有照相机和电视机，我们几乎无法辨别这种流传下来的形象的真伪，但是有一点也许我们可以反向推理，就是越往历史的深处走，我们越有可能发现，名声的形式和内容是高度统一的。有时为了庞大的内容，不得不借助神的力量，所谓神灵附体、狮身人面像、美人鱼、三头六臂等。同样的道理，在古代，女人的名声是远远不如男人的，中国古代的历史上很少留下女人的形象和名字。

而自从有了文字，我们人类才真正进入了大众传播时代，传播不再是面对面的，不再需要广场来增加受众的人数。大众传播和人际传播相比，不仅有传播数量上的差别，更重要的是传播质量上的变化。人际传播的到达率通常是按照梯级分布的，换句话说，它基本上不同时到达，虽然也有广场演讲和课堂的群体传播，但总体来说，人际传播讲究的不是整齐划一，而是错落有致。但大众传播在这方面是摧毁型的，它追求的是传播的一致性，同时到达，没有区别的到达，传播面前人人平等。也许正是在这个意义上，我们才可以理解秦始皇为什么要通过统一文字来统一天下。

虽然大众传播在相当程度上摧毁了人际传播，但有意思的是，一直到今天，依然有许多人怀念人际传播，甚至在学术界也有很多人认为，人际传播才是人类最理想的传播状态。于是，很多人把电视谈话节目的形态称为拟人际传播。听起来好像是穿新鞋走老路，回到原始社会，但人类历史的发展可能就是盘旋的云梯。也许我们可以把大众传播比喻为男人，把人际传播比喻为女人，大众传播是摧枯拉朽，势如破竹，大江东去；而人际传播是绵里藏针，细水长流，以柔克刚。这种对比又会让我们想到中国宋词中的豪放派和婉约派。

人际传播可能比较多地体现了我们人类的传播本能，讲究传播的自然性和差异化，不扼杀传播的个性。因此，大众传播不大可能完全消灭人际传播，相反，随着时代的发展，大众传播和人际传播正在产生某些互补和融合。虽然人类的传播活动中也包括一些其他的形态，比如组织传播、内部传播、外部传播、人内传播等，但是最富有对立统一色彩的一对传播方式就应该算大众传播和人际传播了，并且这两种传播方式也是最为活跃的。

值得注意的是，在人类的大众传播中，书籍传播可谓门槛最高。这听起来多少有点儿令人困惑，因为人类的大部分发展几乎都是由易向难、由简单到复杂的，而大众传播的初级阶段，也就是书籍传播阶段，却是一个例外。文字传播本身的门槛就比视觉传播和声音传播高，参与文字传播的人首先需要认识字、会写字，文盲是很难参与这种传播的。

实际上，一直到今天，我们仍然可以看到人类对书籍的尊重，比如，许多美誉的词语都涉及书，例如“书生”“书香门第”以及“两耳不闻窗外事，一心只读圣贤书”。即便是在学术界，也有很多人把著书看得比写论文重要，书籍似乎可以使人有功成名就的感觉，而论文在这方面的作用就显得有点微薄了。这从一个侧面说明了书籍传播在今天对名声仍然有稳定的影响。虽然现在有了畅销书的概念，名人出书也成了一道风景，但这并没有从根本上动摇出书的难度。大部分自己写书的人都会有一种感受，那就是写书和写文章有很大不同，文章可以一挥而就，而书籍常常考验人的思维耐力。也正因为如此，今天如果一个人出书了，他周围的人仍会投来羡慕的目光。就如同现在博士虽然很多，但是在中国这样一个崇尚读书的国度，依然有许多人在考博。我们几乎可以肯定地说，书籍是我们人类文化中最凝重的沉淀物，换句话说，一个国家文化的厚重感和历史感很大程度体现在书籍上。

一个令人多少有点不解的问题是，书籍传播既然是一种大众传播，为什么又带有浓厚的纵向传播色彩呢？换句话说，书籍传播对历史名声有很大的影响，今天的图书馆也体现了这个功能——保存历史、存留文化。部分解释可能是，书籍传播是一种大众传播和人际传播的结合物。虽然今天已经有了网络出版，出版作品似乎变得越来越容易了，但我们仍然会发现，很多人还是喜欢书籍的手感，甚至我们今天还能看到少数复古的线装书。很多人也许不再需要在家里藏书于四壁，甚至不再频繁买书，但是翻阅图书依然是我们人类难以忘怀的情结。

或许是因为书籍代表最高门槛的大众传播，所以它更加有利于历史名声的传播。也就是说，书籍传播是大众传播形态中最缓慢的一种，它的同时到达率并不高，但传阅率应该说是大众传播形态中最高的一种。报刊也有传阅率，但是是在一定时间内的传阅率，而书籍是保存时间最长的，同时也是保存价值最高的。

时至今日，依然有很多人不把书籍视为一种最早的媒介，这是有一定道理的，因为看上去书籍的产生并没有强烈的媒介动机。和报刊不同，书籍更多是在创造一种文化，并且保存这种文化，它更多的是在传播知识，而不是信息。同时，它创建了知识分子阶层，用知识沟划分了社会精英和普通大众，我们也可以称之为知识阶级。因此，我们在历史悠久的文明古国里很容易看到这样的现象，就是知识阶级和贵族阶层发生了很大的冲突，而中国官方是用类似于科举制的方式来解决这种冲突的。

有了书籍以后，人类就有了文字的历史。而文字历史和口头历史的主要差别在于文字历史更加强调准确性，减少了道听途说，增加了想象空间，在历史评价方面追求客观公正。这对名声传播产生了深远的影响，过去人类对名声的传播是口头传播，必须要有一定程度的夸张，所谓添油加醋，否则就会减弱传播的能量；而书籍传播变成了稳定的有章可循，所谓证据确凿，使得名声传播有了标准的统一版本。后代在学习历史时，依据的基本上都是史书和历史教材，他们的父辈能够给他们口传的历史是极其有限的。

刊物的名声时代

刊物的专业名声/文学名声

虽然书籍对人类产生了巨大的影响，但在学术研究上，很多人并不把书籍视为标准的大众传播媒介，原因是书籍并非定期出版，并且它没有编辑部的概念（出版社毕竟不能等同于编辑部）。也就是说，书籍还没有建立强大的传播者地位，大多数的书籍都指向了单独的著作者。因此，我们可以说，在书籍基础上产生的刊物才真正是我们人类历史上第一个名副其实的大众传播媒介。刊物有了典型的编辑部，从而有了传播机构的概念，并且刊物是定期出版的。

在人类的传播史上，人际传播基本上是一对一的传播，也就是面对面的传播，而大众传播是一对多的传播。但是，大众传播中的“一”和人际传播中的“一”是截然不同的，大众传播中的这个“一”是强大的编辑部，是一个传播者的集体概念；而人际传播中的“一”往往指的是一个人。这是一个重大的变化，因为在人际传播中，一对多的传播几乎是不可能的，虽然我们也有广场的演讲和课堂的教学，但它们都是基于面对面的直接传播，而大众传播的一个重要概念是间接传播，换句话说，大众传播依靠的是媒介。有了强大的传播者，就如同我们有了麦克风，可以把声音均衡地传播给最远方的听众。在此之前，传播者的地位一直弱于受传者，而现在，传播双方的实力发生了微妙的变化，传播者从个人向机构转变，变得越来越强大，而受传者的力量相对弱化。这可能是人类传播进化过程中不得不付出的代价，正是在这个意义上，我们看到了人类传播学史上的子弹理论和注射模式。

大众传播还有一个特点，就是传播的持续性和不间断，以至于我们现在区分报纸和刊物的标准之一就是出版的间隔时间，每日出版的就是日报；每周出版的既可以叫作周报，也可以称为周刊；但是超过一个星期出版一次的通常就被划入刊物了。书籍通常是一次性的出版，所以直到今天，我们仍然流行着一本书主义，就是很多作家靠一本书走红天下，这个效果不能复制，实际上畅销书也是这个概念。

刊物产生以后，人类的名声传播开始具有稳定性，因为书籍传播有大起大落的色彩，而刊物就像一条生产线，需要保持产品质量的稳定性。实际上，直到今天，文学名声依然在相当大的程度上依靠书籍传播。虽然有专门的文学刊物，并且在 20 世纪的很长一段时间里，文学副刊在中国发挥了巨大的影响力，但仍然有许多作家感叹文学失去了轰动效应。这恐怕不能仅仅归结于市场经济的影响，文学名声和传播媒介之间的关系也值得我们关注。

在所有的大众传播媒介中，刊物保持着特有的深度，可以说在纸质媒介中，刊物介于书籍和报纸之间，比书籍浅，比报纸深。比如，今天的报纸如此发达，但是新闻周刊仍然不可取代。也就是说，刊物的周期性独一无二，周期性是刊物的王牌。如同奥运会每四年举办一次，如果每年都举办，价值肯定骤减。另外一个有趣的现象是，中国在 20 世纪 80 年代大办广播电视报，数量之多，世界独有。但是到了今天，广播电视报全线败退，被都市报取代，背后的重要原因就是，广播电视报具有十分明显的周期性，一旦这个周期被打破，它的生存基础就动摇了。西方的电视指南绝大多数都是周刊，没有专门的广播电视报。

迄今为止，刊物的人物专访依旧是一个非常独特的品种，在新闻系的教科书上，它始终是计划单列。在名声传播中，人物是最重要的部分，而刊物在这方面扮演着重要角色。美国《时代周刊》的年度人物评选经久不衰，而许多刊物每期的主打内容常常是人物专访。中国发行量最大的百姓刊物《知音》也是以人物为主的，虽然它并不刊登严肃的人物专访，从某种角度看，它做得最多的是有关中国人的道德名声的专访。对比而言，中国靠广告生存的时尚刊物也突出人物，但不同的是，高档刊物比低档刊物更加依赖名人。

我们可以把书籍比作电影，把刊物比作电视剧，从中可以看到它们的差别：电视剧是有明显的周期性的，而电影是一次性消费的。今天，单本电视剧已经越来越少了，更多的是越来越长的电视连续剧，这不仅是电视剧插播广告的需要，也清楚地反映了电视剧的周期性。同时，电视剧还有季播的概念。

刊物还有一个重要的特点，就是它的专业能力。事实上，直到今天，杂志仍然是学术交流的主要媒介。因此，在 2018 年底发生的贺建奎事件中，我们可以发现一个现象，那就是新闻好像跑到了科学前面，很多科学家都是从新闻中而不是学术刊物上看到了贺建奎的壮举。这有点像美国总统有时候从 CNN 新闻直播中看到国际事件新发展。这里就向我们提出了一个问题，新闻究竟应该跑多快？考虑到科学研究的时间长度和发布流程，以及科学伦理的讨论模式，这一次基因编辑的新闻报道实在是颇为诡异，一开始的新闻报道颇像是成就报道，但很快它就从成就报道变成了有争议的报道。成就报道和争议报道的框架明显不同，其中的一个区别是专家看法，包括争论的主题。即便是在学术界，刊物的作用也经常显得比书籍大，因为刊物的出版速度比书籍快，而且篇幅也非常适合学术交流。并且刊物可以组织学术论文的匿名评审，这一点是书籍做不到的。有意思的是，有一些学者更喜欢写书，因为他们觉得写书比写论文还容易，理由是书籍可以占领一个学术空白区域，而论文虽然比书的篇幅小，但往往需要有观点，这是最难的。

小报的名声时代

名声的消费/时空意义上的周期

报纸是纸质媒介中最后一个出场的，可以说它把纸质媒介的传播速度发挥到了极致。如果说刊物的特质是周期，那么报纸的特质就是速度。这听起来好像有点矛盾，因为周期本身也显示速度，但是它们两者之间还是有不经意的差别，当周期越来越短时，可能就意味着周期和速度可以同日而语了。换句话说，速度在某种程度上破坏了周期，这时人们只关心发展的速度，而忽视了发展的周期。比如，人类的知识更新速度在几个世纪内加快了很多倍，我们似乎进入了知识爆炸的时代，知识和思想开始分离，时间消灭了空间，这其中可能就包含了速度对周期的挤压，在这个意义上，我们甚至可以把周期视为一种空间。

有了报纸以后，名声的传播就变成了家常便饭。在书籍中，名声多少还保持着严肃的尊严，有一定的仪式感；而在刊物中，名声增添了消费色彩，不被人尊重；到了小报时代，名声则更是名誉扫地了。在这里，速度对名声的传播起到了至关重要的作用，速度越快，名声似乎越容易被人忘记。比如，我们在推出英雄人物的典型报道时，雷锋容易被很多人记住，而今天，当先进人物的报道越来越快时，往往意味着推出的英雄人物越来越多，老百姓能够记住的就越来越少了。

在报纸时代，新闻传播开始具有一种广告效应，因为频率在加快，一些报纸不仅每日出版，甚至一日几刊，有上午版、中午版和下午版，还有晨报、午间报和晚报。这个时候，名声的传播就变得更加频繁，频率悄悄取代了周期。过去是“酒香不怕巷子深”，现在是“酒香还要往外推”。名声的传播带有了一定的强制性，不管是否喜欢，你都别无选择。和审美疲劳一样，我们也会有名声疲劳。

尽管有些人提出了报纸消亡论，但迄今为止，我们仍然能够看到小报对名声消费的巨大影响，不论是英国的戴安娜王妃，还是美国的高尔夫明星老虎伍兹（艾德瑞克·泰格·伍兹，Eldrick Tiger Woods，人称“老虎伍兹”），他们的故事都和小报密切相关。相对于大报来说，小报更加依赖名人的故事。也正是因为小报追逐明星，狗仔队才应运而生。

声音的名声时代

农村的大喇叭/文字语言和声音语言的区别

广播的产生填补了人类声音传播的空白。在此之前，大众传播媒介的发展主要局限在纸质媒介的范围，从书籍到刊物再到报纸，都是无声的传播，是高门槛的传播，因为参与纸质媒介传播的人起码都得认字，有一定的文化。虽然纸质媒介的发展也在逐渐降低门槛，比如，刊物已经比书籍少了许多书卷气，而便士报更是从价格上贴近老百姓，书面语言已经开始让位于市井白话，但纸质媒介毕竟是文字出版，还是有一定的阅读要求。而广播是基于人类的听觉系统的，也就是说，人类天生就能听广播，但是通过后天的学习才能看懂文字。所以，广播又一次大幅度降低了人类接受信息的门槛。

广播在中国农村曾经起到过巨大的凝聚作用。在农村，当报刊内容需要读报小组来传达时，安装在各家的小喇叭便会及时把上面的精神传达到下面。广播让我们仿佛回到了口头传播的时代，口才超越了笔才，会说话的人成为最受关注的人，演讲再一次回到了我们身边。不同的是，我们不仅可以在广场聆听，还可以随时随地聆听。甚至于今天我们还可以在电视上看到朗诵节目，这种纯粹声音的回归常常被视为文化的复兴。

如果说文字是静止的，那么声音就是移动的；如果说文字是理性的，那么声音就是感性的；如果说文字是高雅的，那么声音就是通俗的；如果说文字是标准的，那么声音就是差异的。广播为我们创造了一个知名的职业，就是节目主持人。声音从某种程度上来说比文字更容易辨认，更有个性和激情。没有广播之前的很长一段时间里，人类好像已经不大会说话了，因为文字取代了声音，口头语言被认为是比较粗俗的，不登大雅之堂，白纸黑字是我们崇拜的对象。如同电影有默片时代，我们人类也有过一段默默无语的时期。作曲家需要到农村采集民歌，也就是采集声音，把它们谱成曲，变成一种统一的声音文字记录下来，然后传唱。在这个意义上，可以说我们人类失声了，或者至少是沙哑了，最嘹亮的声音是通过文字发出的，文字成为一种声音的转换器，声音需要通过文字来翻译。

有了广播以后，人类的声音获得了极大的解放，我们不仅有平面的文字传播，也有了立体的声音传播，传播方式更加多样化了。在这种情况下，文字传播肯定多多少少会受到一些伤害，因为广播更加直截了当，不需要文字作为中介，减少了中间环节，在一定程度上剥夺了文字的特权。人类的口语再次得到复兴，这个复兴的直接后果就是人际传播再次回到我们中间，人际传播和大众传播拥抱在一起，成为一种混合传播，难分彼此。在这种变动中，知识分子的名声在下降，而艺术家的名声在上扬。

视觉化的名声时代

画面崇拜/画面的意义和方向

电视的出现让我们进入了一个视觉传播的时代，虽然我们以前也在报刊中看到了漫画和摄影的威力，虽然绘画一直是人类最古老的视觉传播方式，虽然电影至今仍然具有强大的视觉冲击力，但是电视把视觉传播变成了我们人类的一种生活方式。如果说广播是耳听为虚，那么电视就是眼见为实。俗话说："百闻不如一见。"同样是批评报道，被批评者现在更怕上电视，而不怎么怕出现在报刊和广播中。甚至在曝光以后，被批评者更多的是否认报刊的白纸黑字，甚至推翻广播的录音带，但是似乎很少挑战电视画面，这种情况给人的印象仿佛是铁证如画，画面上有了就很难抵赖。这就是画面崇拜，我们崇拜一切有画面的东西，因为画面好看，容易懂，它似乎是生活的复制和还原。

说到视觉传播，我们似乎冷落了绘画、摄影和电影，就好像我们在谈论文字传播时，很少提到书籍和刊物。绘画无疑是人类的本能之一，和西方比较起来，中国好像是字画不分家，书法本身甚至已经发展成为一种视觉艺术。这是一种比较奇怪的感觉，因为通常文字和画面是泾渭分明的，而在中国，我们常常很难区分清楚。即便在今天的电视传播中，我们仍然有声画两张皮的顾虑，这里的声主要指的是电视解说词，早期的电视报道常常就是解说词配画面，两者好像没有内在的联系。虽然也有人用错位说来解释电视解说词和画面的平行，但这依然不能平息有关画面和文字谁更重要的争论。

按照通常的逻辑，照片应该比绘画更真实，更接近现实，但有时候事情没有这么简单，就如同我们有时候会质疑文字和照片到底哪个更有力量。照片在很长一段时间里似乎一直扮演着文字的配角，不论是在报纸上，还是在刊物里，照片经常是文字的陪衬。在中国改革开放初期，报纸上头版照片尺寸的放大曾经被认为是离经叛道的变革，是这个报纸总编辑大胆改革的标志。

电视带我们进入了真正的视觉传播时代，在这个时代里，画面变成了主角，我们在逐渐接受画面的统治。从文字统治时代到画面统治时代，我们在脑海里迅速把所有的文字都转化为画面，力图让生活变得栩栩如生。我们已经很难记住大段的文字，能够记住的只是一个个打动人心的电视镜头。生活成为一种真人秀，政治意识形态在某种意义上变成了画面意识形态，我们在国际传播竞争中的制胜武器是画面和镜头，甚至恐怖主义都在利用这一点。

有了电视，名声、形象和传播就成了三位一体。有一种观点认为，如果当时没有电视，只有报纸，那么尼克松很有可能在当年的美国总统大选中击败肯尼迪。而事实是，得益于历史上首次美国总统大选辩论的电视直播，年轻英俊、能言善辩的肯尼迪战胜了尼克松，当选总统。很多人认为，在电视政治时代，政治家必须学会与电视打交道，建立良好的电视媒介形象。一方面，电视使得我们的社会生活更加透明；另一方面，电视也使得我们的社会观察更加平面，更加感性，更加肤浅，更加具象，更加琐碎。正如很多人说我们进入了一个读图的时代，远离了读字的时代，文字变成了电视屏幕下方飞速走过的字幕。如今已经是互联网时代，美国的奥巴马被认为是网络总统，而特朗普则被看成是一个推特总统，也就是用社交媒体治理国家的总统。电视看上去就好像是媒体的终结者，这并不是说电视终结了媒体，而是说目前找不到可以取代电视的其他媒体，这好像意味着电视变成了人类的最后一个媒体。

电影的名声时代

新闻简报/电影和电视的区别/跨文化传播中的电影

电影可以说是名声的艺术，是我们人类所有传播媒介中的一个例外。说它是例外，是因为在我们的传播学教科书中，四大媒介或者说媒体中没有电影，而电影至今仍然是影响力最大的一种媒介。举例来说，在电影和电视剧之间，演员通常会毫不犹豫地选择电影。如果单纯按照观众数量来说，谁都知道电视剧的观众人数大大超过电影，但电影的影响力更大，电影的名声比电视剧更高雅。

在电视诞生之前，电影也承担了一部分信息传播的任务，比如，在 20 世纪中期的中国，新闻简报就是作为电影播出的，由中央新闻电影制片厂拍摄，在电影院里播放。那个时候，人们到电影院并不是为了看新闻简报，而是为了看电影，但是，在播放电影之前会先播放新闻简报。有趣的是，今天我们的电影院好像依然保持着这种格局，不同的是，在播放电影大片之前，大家看到的是随片广告。

很多人把电影排除在大众传播媒介之外的一个重要理由，恐怕就是人们通常是在电影院里看电影。虽然今天我们也有电视电影，但是归根到底，电影是需要到电影院里享受的视觉盛宴。电影的这种播放场所仍然保留着人际传播的色彩，就如同我们在希腊广场聆听哲人的演讲，虽然在观看的人数上可以算作小众传播。电影和电视的根本区别就在于，电视不受场合的限制，可以是家庭的观看，也可以是个人的观看，甚至还可以是早期集体的收看。因此，电视成了人们日常生活不可分割的一部分，而电影则成了日常生活之外的一种艺术。和电影相比，电视剧显得更干净，因为需要考虑家庭的伦理；而电影明显更前卫暴露，因为电影是国际化的，而电视更多是在国内流通。

在跨文化传播中，引进电影通常比引进电视剧更容易，而引进美国好莱坞的电影好像又要比引进欧洲的电影容易。同样是电影，大片比小片容易引进，描写富人生活的片子又比描写穷人生活的片子容易引进。这就像麦当劳式的快餐，在成为全球流行文化的同时已经失去了自己的特色，换句话说，麦当劳是世界的，不是某一个国家的。这和我们过去的逻辑正好相反，我们过去习惯于说，越是地方的、民族的，就越是世界的。如果说这个逻辑有缺陷，那么麦当劳的逻辑模式可能就更有问题，越是世界的，就越是地方的、国家的吗？答案明显是否定的。因为这几乎就是不可能的，麦当劳的文化就是廉价的世界模式。反过来说，世界上是否真有这样一种统一的模式？或者它只存在于我们的想象中？

网络的名声时代

虚拟的名声/网红/网络推手

网络颠覆了名声的概念。

很多人都曾经认为，电视是我们人类信息传播的终极工具，因为电视集画面、声音和文字于一体，似乎是我们能够想象并且创造出来的最理想的传播媒介了。在很长的时间里，我们更担心的是电视会淘汰以前的媒介，比如报刊和广播，很少有人能想象我们还能够创造出什么样的新媒介。这个时候，互联网出现了，它让我们惊叹人类的创造能力，如同我们的科学家在探讨物质的最小单位时，发现它似乎总是难以穷尽的。

网络和我们之前见到的其他传播媒介都不同，可以说网络颠覆了我们以前有关媒介的所有观念。网络好像是把大众传播和人际传播合二为一了，它有虚拟的人际传播，在此基础上，我们有了虚拟的名声。这种虚拟的名声和我们通常说的名不副实是不同的，后者只是实名的夸张，而前者是虚拟世界的产物，它是匿名的，如同虚拟的互动，是我们人类精神世界的三岔口。

一方面，网络被认为是最难控制的，因为它没有传统媒体那样强大的编辑部，它强调的是网民共同制造；但另一方面，它又被视为最容易操控的。在新闻报道中，网络推手通常被描绘成一群本领高强的舆论操盘手，他们似乎可以随心所欲地制造网络红人和热门话题。联想到2008年三鹿奶粉事件中的百度屏蔽门，网络名声的确和传统的媒体名声有所不同。

网络在名声方面的创造是网红，网红是精英吗？有些人把这两者混为一谈。显然，很多人都觉得成为网红是件不容易的事情，并且，网红也意味着某种话语权。但是，泛精英的言论在一定程度上反映了人们对社会精英的误解，毕竟网红和精英看上去是截然不同的两种人，让社会精英网红化本身就是一种讽刺，因为网红只是昙花一现的网络产物。

网红这个概念反映了词语的反转。我们不妨把词语的反转分为两种，第一种反转是好词变坏词。比如说，“小姐”这个词语，在中华人民共和国成立之前的语言中，小姐指的是大家闺秀，词意是正面的；而在中华人民共和国成立后，小姐一词有了某些资产阶级的色彩，这一点在很多影视剧中都可以看到；而更大的变化来自中国20世纪末的改革开放，当经济建设飞速发展时，小姐的概念和新闻报道中的“三陪”联系在一起了，这使得许多人开始有意识地回避这个词语。这种反转是比较常见的，解决方案往往是用一个新词替代旧词。而第二种反转是坏词变好词，按理说这种变化是比较少见的，或者说是很容易被忽视的，例如“网红”这个词语。“红”这个概念在中华人民共和国成立前往往用来形容戏班的走红，那时候戏班子里的人常常被人们称为戏子，从中可以看到人们对唱戏这种职业的鄙视。这种行业性的歧视在中国由来已久，艺术和文艺这样的词语都是现代史中才出现的，而像戏剧和表演这样的词语基本上都是20世纪才开始传播起来的。总的来说，这两种词语的反转变化都不大容易被传统的人所接受。

第四章　名声的类型

历史名声：伟大的名声

正面名声和负面名声的区别/历史名声的唯一性/历史名声和文学传播的关系/历史名声与现实名声的差异

在我们知道的所有名声中，历史的名声可以说是最伟大的，因为它比我们每一个人都活得更长，是持续时间最长的名声，因为我们人类的一切都会成为历史。对于中国这样历史悠久的国家来说，重视和渴望历史名声的倾向就更加明显，毕竟我们有青史留名的传统。

从某种意义上说，历史和名声经常是难以区分的。历史越悠久的事物，往往名声也就越大；历史越悠久的国家，往往产生的历史人物就越多。历史的传颂在很大程度上要依靠名声这个接力棒，名声越大，往往传播得就越久远。和现实比起来，历史更加理性。如果说现实像父亲，那么历史就更像母亲，更具包容性；如果说现实是一条河，那么历史就是海洋，江河最后总是要汇入大海的。

虽然我们每一个人和每一件事都将成为历史，但按照约定俗成的说法，并不是我们每一个人都能够成为历史人物，同样的道理，也并非每一件事都能够成为历史事件。通常，历史人物和历史事件都具有一定的历史名声，而历史名声并非都是正面的，也有负面的。比如遗臭万年的秦桧，秦桧的名声是和抗金英雄岳飞联系在一起的，秦桧迫害了抗金名将岳飞。于是我们看到，岳飞的正面名声越大，秦桧的负面名声也就越大。

因为第二次世界大战，希特勒臭名远扬，而罗斯福和丘吉尔则因为这次战争声名鹊起，成为世界英雄。因此，我们发现，历史的名声至少可以分为世界性的和国家性的，国家越强大，越容易产生世界性的名声。比如早期的四大文明古国，还有后来的英国和今天的美国。同样，当我们说 21 世纪是中国世纪时，潜台词就包括了有关历史名声的话语权。

历史是什么？宏观地说，今天和将来的一切都会成为历史；微观地说，历史就是前所未有的。正是在这个意义上，我们才习惯于使用“创造历史”这个表达。最典型的例子是体育运动的纪录，它代表的是人类身体的极限，打破纪录就是创造历史，在这个意义上说，历史就是一连串的纪录。所以我们常常可以听到运动员正在创造历史的说法。但是，我们的心灵是没有刻度的，心灵的历史纪录在哪里呢？

历史名声和现实名声的不同之处在于，历史名声是需要沉淀的，如同我们阅读的文学名著，需要一段时光和几代人的流传。如果说现实的名声主要是靠当代人，或者说是靠活着的人来判断，那么，历史的名声则主要是靠后代人来评判的。或许正因为如此，现实名声很大的人未必能够获得同样的历史名声。也就是说，历史和现实的间隔可能没有我们想象的那么窄，现实并不是马上就转为历史。我们常常说历史是要经得起考验的，历史和现实是保持一定距离的，至少它们不是亲密无间的。距离产生美，距离也产生历史。

秦始皇的历史名声是非常大的，因为他是第一个统一中国的皇帝，虽然他可能是非常残酷的，但是他获得历史名声的原因主要是统一，我们能够从他身上看到中华民族的统一情结。实际上，历史上的四大文明古国都或多或少具有这种情结。

讽刺的是，历史上的荆轲刺秦王也是有名的故事。历史上有很多刺客，但荆轲可以说是名气最大的，尽管我们可以怀疑这个故事的真实性，但是燕赵壮士的悲歌依然荡气回肠。荆轲获得的是民间的名声，比起秦始皇，荆轲获得的历史名声离老百姓更近。史书也没有完全回避这个问题，因为历史是否定之否定的循环，改朝换代时就会修史，即对前朝的某些历史记录进行修改。我们常常感叹，历史是否就是帝王将相和才子佳人的历史？事实上，历史也需要丰满的轮廓和激情的回忆，否则就变成了单调的背诵。历史需要流传，它不能只是一些枯燥的数字和概念，从某种意义上说，历史要有血有肉，栩栩如生。我们常常说不能忘记历史，但实际上，历史本身的记忆力也是有限的，它不可能记住发生过的一切，肯定会进行筛选，这个过程就是遗忘的过程，它会尽力保留最精彩的。

我们再来看看三国时期的人物名声，刘备、曹操和孙权作为首领而名声大振是可以理解的，但有趣的是，诸葛亮、关羽和张飞也获得了极大的历史名声。这里有一个重要的因素，就是文学的传播。越是久远的历史，文学传播似乎对历史名声的影响就越大。也就是说，在大众传播不发达的时代，文学在一定程度上承担着传播历史的作用。问题是，文学传播常常会和历史书籍的记载发生冲突。比如，《三国演义》是中国的四大名著之一，它和历史书籍《三国志》的记载有许多不同：曹操在小说《三国演义》中是奸雄，而刘备在小说中是被褒扬的，于是，为曹操平反就成为多少年来文史界的一大话题。《三国演义》的小说和影视剧都是一种对历史的想象。甚至在国内流行的《戏说历史》也可以算是一种历史想象，只是它不属于严肃的历史想象。当大家都喜欢成为新闻时，就意味着大家可能都不愿意成为历史。成为历史并不等于成为过去，成为历史是一种荣誉。不是所有的新闻都能马上成为历史。

中国有文史不分家的传统，文史互为内容，文学传播强化了历史的记忆。如果没有文学传播，很难想象三国时期的一些人物如何能够在中国的历史长河中脱颖而出，成为历史名人，群星灿烂。坦率地说，文学传播给某些历史人物赋予了一定程度的神话色彩。历史的一个麻烦就是它很难保存，历史越长，越容易失真。新闻有保鲜期，历史有保真期。对于中国这样历史悠久的国家来说，情况就更是如此。因此，我们很容易看到人们对古代历史的想象，不论是在《戏说历史》中，还是在历史穿越剧里，都能够看到难以证实的历史想象。很多事如果不是在新闻阶段就让它真相大白，那么，它很有可能就会变成历史之谜。新闻的价值在于它只有一次揭示真相的机会，机不可失，当新闻变成了历史，在一定程度上就意味着真相变成了迷。这种时候让历史告诉未来真相就需要花费更大的功夫。我们今天谈论的历史多是历史的片段，或者说我们几乎不可能讨论整个历史，结果很可能是，我们是在片面地描述历史。我们很少关注历史的历史，我们更多关注的是后历史，而很少注意前历史。于是，我们今天看到更多的是断代史，还有断裂的历史人物，这甚至会妨碍我们理解历史。

专业名声：圈子里的名声

专业名声和社会名声的区别/名声的转换/文史不分家/微信的蜂窝效应/微信群传播和朋友圈传播的差异/圈子的结构

我这里所说的专业名声，是指被专业领域认可的名声。也就是说，它是一种局部的名声，是在一个圈子范围内获得的名声。最典型的就是学术名声，不是因为从事了学术活动，你就必然拥有学术名声，而是你的学术成果得到了相关领域专家学者的认可。换句话说，就是学术名声的获得源于学术同仁的认可，而不是官方的授予。

央视《百家讲坛》节目捧红的主讲人绝大部分都是专家学者，他们在自己研究的领域有一定的专业名声，但在电视上他们获得的是社会名声，因为没有观众知道他们的专业名声，并且这些专家也很少能够从电视传播中获得专业名声。因此，我们看到，这个时候专业名声和社会名声发生了某种错位。比如，易中天和于丹，电视使得他们家喻户晓，让他们有了很高的社会名声，但是他们的专业名声并没有多大提升，甚至还受到专业领域的质疑。我们当然不能据此就认为社会名声和专业名声的关系是成反比的，但是我们至少可以肯定两者是有差别的。从某种程度上说，专业名声可以社会化，而社会名声很难专业化。

实际上，《百家讲坛》节目并不像我们通常认为的只讲述历史故事，它也讲述当代的事情，只不过不同于媒体的新闻报道，它更强调沉淀的东西，言下之意就是至少能够成为一家之言。虽然是百家争鸣的论坛，但它更突出的是讲坛的历史维度，也就是说，依靠央视的平台，通过仪式化的传播，再现诸子百家的辉煌。在这里，电视在一定程度上可以被视为采用了中国传统私塾的形式，营造一种历史氛围，把仪式和文化巧妙地结合在一起，赋予讲述的内容一种历史的地位。

中国的历史虽然久远，但当我们探寻专业名声的足迹时，就会发现西方在这方面比中国要发达一些。究其原因，很大程度上与西方近代科学的发达有关，而科学的发达离不开专业分工，不论是历史悠久的大学，还是各种各样的行业协会，都反映了这一点。从教育的历史来看，孔子的私塾应该比西方早了很多年，但是，我们的大学概念依旧是从西方引进的。也就是说，很多人在很长的时间里更愿意相信合，而不相信分。中西医在这方面的区别就更加明显。尽管我们常常说分久必合，合久必分，但我们的文化好像更倾向于合。比如，如今仍然有很多人认为中国的职业教育比较落后，社会上也不断有人呼唤匠人精神。

在新媒体时代，我们有更多的方式来观察圈子的结构。比如，在微信里，我们还可以看到跨群沟通，而在现实生活中，我们往往很难看到跨圈子的交流，即便有，也劳民伤财。但在微信上，这一点却很容易做到。很多人似乎都变成了中间人，他们掌握几个观念不同的圈子，用话题穿针引线，让不同的群看到不同的东西。这时候，群体概念就有了变化。

有时候，我们看学术文献时，会发现某些选题基本上都是学生在研究，而没有知名学者的参与，原因之一可能是这些有点影响的学者觉得这种课题不值得研究，结果是一些人就不大敢申请相关的课题，因为没有一定分量的文献基础，课题申请就很难被评委通过。这种研究文献的分布状态可能反映了学者圈子的集中。

微信有蜂窝效应，就像我们很多人小时候都烧过的蜂窝煤，现在微信的结构就有点像这种煤的结构。在柴静的雾霾纪录片事件中我们可以看得更清楚，朋友圈如同一个个网眼，在这个公共事件的引爆下决堤，平时老死不相往来的圈子融合了，新闻圈子把不相干的圈子吸引来了，有的是人的代入，更多的是观点的引入。

很多人看完新闻后，往往要通过自己的交往圈子来确认这些新闻的真实程度。并不是说他们不相信新闻，也不是说他们需要甄别每一条新闻的真假，而是说他们日常交往的圈子常常变成了他们证实新闻的圈子。媒体也有能力证实，但是这似乎无法取代人们的交往圈子。这一点好像表现为文化越低的人越喜欢用自己周围的圈子来核实信息的真实性。

文学名声：文字的名声

文学传播和历史传播的区别/鲁迅的名声

小说《三国演义》中的诸葛亮和历史上的诸葛亮肯定有很大差别，对于绝大部分中国人来说，他们了解诸葛亮的主要渠道是小说，可以说诸葛亮的文学名声远远大于他的历史名声。关羽和张飞也是如此，这部小说中的大部分人物都有这个特征。确切地说，是文学传播盖过了历史传播，文学在一定程度上改变了历史，因为很多历史需要用文学的方式来传播。但是，这里所说的文学名声并不是指文学界的名声。在这个意义上说，文学名声是一种特别的名声，一方面，它可以是一种专业名声，即作家凭借自己的作品在文学圈子里获得名声；另一方面，文学塑造的人物名声在某一个时间段超过了历史本身的名声，也可以说虚拟的名声战胜了真实的名声，这个时候文学名声本身就变成了历史名声，或者说文学形象在一定程度上取代了历史形象，这相当于亲和力战胜了权威性。这一点如今在很多领域都可以看到，比如教育学、新闻学以及传播学，甚至还有政治学。亲和力赢了权威性靠的是顺序，也就是说，亲和力是第一位的，没有亲和力，几乎就谈不上权威性。这就好像是颠倒了形式和内容的顺序。不过，老百姓去理解历史的时候，这一点非常有价值。但是，今天的情况发生了很大的变化，文学的影响力越来越弱，这显然会对历史名声的传播产生微妙的影响。换句话说，文学和历史明确分家了，新闻和历史的关系更密切了，传统意义上的史官没有了，新闻记者变相取而代之。历史变成了一种专业的存在，或者说是枯燥的存在。

为什么我们宁愿相信小说却不相信历史？是因为小说更好看吗？在中国，至少有一个原因值得我们重视，就是文史历来不分家。这种情况甚至延续到今天的《百家讲坛》栏目，学者们主要是讲历史，包括讲三国人物，但是这些学者很多都来自大学的中文系。

20世纪末，当人们感叹文学失去轰动效应时，很多人都注意到了市场经济对文学的影响。在“四人帮”垮台以后，中国曾经有过一段文学的黄金时期，洛阳纸贵，厂长都想写小说。而现在倒过来了，作家都想当厂长。

实际上，文学很早就已经和历史脱钩了，我们现在已经不容易找到鲁迅笔下的闰土形象了。在鲁迅时代，人们还会去寻找祥林嫂的生活原型，而今天，我们在文学中已经很难找到历史的痕迹，在某种程度上文学已经变成了纯粹的消费品。那么，这会有什么影响呢？一个显著的结果就是，文学的名声在下降，文学的名声正在让位于新闻的名声，我们似乎只能通过文学传记来感受文学和历史的联系，文学的名声现在已经很难和历史名声相抗衡。以鲁迅的名声为例，他的历史名声大于现实名声，他的社会名声大于文学名声。他的名声主体是杂文，进入中小学语文课本无疑扩大了他的名声。应该说他的名声是符号级别的。并且，他的名声证明了一个道理，有争议的名声也可以是最好的名声。

中国的文学可以说埋藏着中华文明传承的一个奥秘，我们都知道四大文明古国如今只剩下中国了，中华民族之所以可以幸存，原因恐怕有很多，其中之一可能就是文史不分家，具体来说就是我们的文学传播帮了历史传播的大忙。单靠史官显然不行，文学把历史变成了故事。今天我们不大可能让新闻记者取代史官，而在文学衰退以后，历史怎么办？这也涉及我们传统文明的传承。

文化名声：国家的名片

文化和知识的区别/文化和娱乐的差异/文化与思想的关系

我们常常很难说清楚什么是文化，但是我们也许可以试着说清楚什么不是文化。狭义地说，我们今天发明的大部分娱乐都不是文化，因此现在的电视台在开办文化栏目时就遇到了尴尬：大家自然想到文化是阳春白雪，而电视似乎被认为是下里巴人的媒介。于是我们看到，文化似乎是电视台刻意回避的一个词语。在很长一段时间里，央视好像都不肯使用“娱乐”这样的词来取代“文化”，至少在栏目的名字上，“综艺”一直是一个可以接受的词。

而在地方电视台，“娱乐”早已成为一块金字招牌。

我们经常听到一句话，就是“有知识，没文化”。虽然这种讽刺可能有点极端，但是它仍然包含了一定的道理。没有知识，就肯定是没有文化的。中国的“文革”时期有一句口号，就是“知识越多越反动”。这不仅是对知识的攻击，也是对文化的蔑视。但矫枉过正的是，我们在很长一段时间里走向了另一个极端，就是对知识的盲目崇拜，这种崇拜在 20 世纪 80 年代中期可以说达到了一个高峰，就是有知识必然有文化，或者直接把知识等同于文化。结果就是文化知识化，只要是上过大学的人就会被认为是知识分子。什么是知识？或者具体地说，对中国人而言，知识是什么？与西方相比，中国人说的知识缺少一些批判性。从中国传统文化的角度看，传承中华文明似乎更多不是依靠知识，而是讲道理。换句话说，“道理”这个概念在中国历史上远远比知识重要。看看《论语》就可以明白这个道理。所以我们今天更喜欢用“智慧”一词。

今天看来，有知识未必就有文化。这就如同新闻和信息的关系，所有的新闻必然是信息，但是反过来说所有的信息却未必都是新闻。也就是说，知识并不直接等同于文化。在这个意义上说，知识有可能只是文化的一个分母。

我们不妨再看看知识和思想的关系，知识可以说是思想的原材料，但是知识并不等于思想。所以说精神和思想更有可能成为文化的分子。也许正因为如此，在人类社会的发展中，精神领袖和思想家似乎获得了更多的文化名声。一个明显的案例是邮票上的人物，很多西方国家都把邮票视为自己的国家文化名片，因此，它们往往选择把本国的伟大文化人物印在邮票上，类似的情况还有货币。在这里，还有一点值得注意的是，大部分国家都努力打造自己国家的文化代表人物，比如，莎士比亚就是英国文化的巅峰人物，而雨果则是法国文化的经典象征。这些代表人物可以说是文化中的文化，他们集中反映了这个国家的文化传统和文化方向。

艺术名声：直观的名声

直接名声和间接名声的区别/章子怡和孔子有可比性吗？/形象代言人

艺术可以说是我们这个星球上和名声靠得最近的职业，甚至我们还可以毫不夸张地说，艺术本身就是有关名声的职业。所以，才会有人说我们这个世界只有一种名人，就是艺人。看看现在报考艺术院校的热潮，就可以知道青年人对艺术名声的追逐有多么强烈了。

演员和政治家的名声是直接名声，因为观众可以把他们的名声和形象对号入座，他们的名声更直观；而作家的名声则属于间接名声，因为读者是通过读他们的书来了解他们的，作品大于作者。而直接名声的情况经常是相反的，就是本人往往大于作品。历史名人的名声往往是间接名声，需要解读和翻译。

湖南卫视《超级女声》节目曾经连续几年掀起歌唱秀的热潮，这个节目让一些女孩一夜成名。实际上，即便是在艺术的分类中，歌手也是名声最大的职业。因为在艺术职业中，名声和金钱是成正比的，也就是说，名声越大，往往赚的钱也越多。所以，我们容易看到许多演员演而优则唱。电视剧明星和电影明星的比较可能有点例外，表面上看，电视剧演员好像赚钱更多，但从另外一个角度看，电视剧面对的主要是国内市场，而电影则更加国际化。

关键是艺术为什么有如此大的名声？一个可能的解释是，艺术本身就是消费名声的职业。只有在艺术行业，才有这么多的追星族。好莱坞就是一个造梦工厂，而名声就是一种梦想。另一个重要的原因就是，艺术可谓集名声、形象和传播于一体的职业，形象和名声的结合使得名声更加直观，成为容易被辨认的名声。而传播和名声的结合又使得名声的出现更加频繁。如果把文字传播、声音传播和视觉传播放在一起比较，那么可能得出的一个结论是，视觉传播是人类这三种传播形态中最容易引起模仿的一种。我们很难模仿文字，并且，声音虽然容易模仿，但是没有视觉模仿那么全面。我们可以比较一下，事实上，一些电台也搞了类似《超级女声》的歌唱比赛，但是它们的影响力都很难和湖南卫视的《超级女声》相抗衡。如果要写一部中国粉丝发展史，那么，湖南卫视无疑榜上有名，《超级女声》节目可以说是中国选秀节目的里程碑，李宇春也成为粉丝民选的标志性人物。说湖南卫视对中国粉丝的发展起到了推波助澜的作用，并不为过。至今的常青树节目《快乐大本营》依然是粉丝的大本营。并且因为湖南卫视主打娱乐，粉丝拥护就显得很正常。

从历史的角度看，艺术的名声并非一直这么大。实际上，就在 20 世纪上半叶的中国，艺人还是被人看不起的职业。但是，随着大众传播媒介的飞速发展，消费社会的到来，艺术的名声逐步高涨，与此同时，人类的名声开始变得平面化，纵向的名声悄悄让位于横向的名声，历史的名声不得不让位于现实的名声。

章子怡和孔子有没有可比性？有一点似乎可以肯定，就是在大众传播媒介的环境中，章子怡在西方的名声显得比孔子还响亮。中国相声大师侯宝林的经典相声《关公战秦琼》说的是两个不同朝代的将领碰面打仗，但他们毕竟都还是历史人物。而章子怡就不同了，她是活生生的现代人，把她和孔子这样的古代哲人做比较可行吗？我们当然可以说今天的人们拥有的信息量肯定超过了古人，我们也可以说今人的知识水平大大高于古人，我们甚至还可以说古人的某些观点在今天看来有点幼稚，但是我们很难说今人的智慧已经超过了古人，毕竟后人是站在前人的肩膀上的，而孔子就是巨人。总之，我们在这里可以看到一个名声的秘密，就是有了大众传播媒介以后，艺术的名声是多么容易超越历史的名声。

现在很多单位和企业用艺术界的名人来做形象代言人，这就是在使用艺术的名声。甚至于在人命关天的医药产品广告中，也有大量文艺界的演员在代言，从中可以看到艺术名声的影响力。虽然有关部门三令五申，强调医药广告不得用演员代言，但是我们依然可以看到很多演员在为药品做广告。这可能说明一个问题，就是艺术的名声具有更强烈的虚幻色彩，所以老百姓在看广告时并不把演员和广告完全对号入座，也就是说，艺术名声更多表现出非现实色彩。比如，郑绪岚唱红的《太阳岛》，还有《少林寺》，都被地方政府拿来宣传旅游，这就是对艺术名声的开发利用。甚至有些电影的拍摄场地也被开发为旅游胜地，典型的例子就是好莱坞。

军事名声：一战成名

一战成名/拿破仑/汉尼拔/《三国演义》/《水浒传》

军事的名声也可以称为战争的名声，虽然战争总是残酷的，但我们无法否认，从古至今，战争让许多人名声显赫。比如，法国的拿破仑、罗马帝国时代的汉尼拔，如果没有战争，我们很难知道他们的名字。我们并不能武断地说人类自身具有好战的本能，但是，连绵不断的战争已经成为人类历史难以逾越的篇章。不论是中国古代司马迁的《史记》，还是赫赫有名的《三国演义》，抑或家喻户晓的《水浒传》，这些伟大的著作都在描写战争。

军事名声离不开军事家的名声，没有战争，就没有军事家的名声。军事家大多是一战成名，比如像汉尼拔那样有勇有谋、身先士卒、运筹帷幄的军事家。在《三国演义》中，大概只有诸葛亮可以称得上是军事家，曹操和刘备是政治家，关羽和张飞只能算是军事将领。

体育名声：快速成长的名声

体育和历史的关系/体育观众/明星的聚集效应

在我们这个喜欢炫耀名声的星球，有三种名声是显性的，即艺术、体育和政治的名声。其中，艺术和体育的名声看起来有太多的相似之处，以至于我们往往愿意把两者相提并论，所谓文体不分家。的确，他们都是拥有最多名人的行业，都是出名最快的行当，都是出名年纪最小的领域。

体育为什么有这么大的名声呢？从历史来看，名声的关键是要有观众，不论是在古罗马的斗兽场，还是在西班牙的斗牛场，表演者都是通过面对面的方式来赢得观众的掌声的，这掌声同时也给表演者带来了名声。而大众传播媒介通过移景的方式用媒介场所取代了现实场所，最明显的例子是，我们在家里看体育比赛的电视现场直播和到比赛现场看是不一样的，因为现场带有原始的冲动，有原汁原味的气氛；而电视直播可以让我们比现场观众看得还要清楚，尤其是比赛的细节。所以，我们看到一个有趣的例子，如果没有电视直播，就没有以解说足球比赛出名的黄健翔。换个角度来看，如果是在现场看足球比赛，我们还会喜欢听黄健翔的解说吗？

从现场的面对面，到电视的面对面，再到网络的面对面，我们能够隐约看到一种现场的变化曲线，那就是从直接的现场到了间接的现场，最后到了虚拟的现场。这意味着现场的信息已经悄悄改变了，除了时间这个概念还存在，我们的现场观念已经发生了巨大的变化：我们不再需要亲自到场，而是可以通过媒介到场，现场的原始概念已经被解构得支离破碎了。在经典的现场概念里，现场是需要和时间相吻合的，也就是说，时空一致，同时还应该有人的出现。如果没有人类，这样的现场充其量只能算是物理现场，而现在这种现场被分解为声音的现场、文字的现场和画面的现场，甚至还有虚拟的现场。

而正是这种现场的转换使得体育拥有了更多的观众。在艺术中，我们可以看到的最大的现场直播应该算是央视的春节联欢晚会了，但是这和体育的电视直播相比，在规模上简直不可同日而语。我们很少听说有人要求艺术必须直播，但是对体育来说，直播几乎是必要条件。可以说体育是人类活动中最富于现场感的，也是对现场要求最高的活动，而电视帮助体育完成了这个梦想，就是把体育现场逼真地转化为媒介现场。

在电视出现之前，我们人类的现场概念是非常有限的，有限的场地和有限的人数，即便是天安门广场这样宽广的人类集会场地容纳的人数也仍然是有限的。但电视出现以后，现场的概念变成了无限大，参与现场的人数变成了无限多，现场参与者的关系是平等的，他们很少是被强制性拉入现场的，而是主动打开电视机的。这个时候，现场的概念好像忽然被放大了，听众可以打进电话，现场变成了一种象征性的概念。严格地说，演播室并不是一个真实的现场，但是当它成为现场信息的集散地时，我们会发现现场变成了时间的附属品，空间受制于时间。在这个意义上，时间好像并没有消灭空间，准确地说，是空间做了某种扩大和挪移。换句话说，媒介现场更加强调的是第一现场，是第一时间和第一空间的完美结合。

让我们看看 NBA 的明星聚集效应。最近几年美国 NBA 流行的是明星扎堆，所谓三巨头模式。波士顿凯尔特人队和迈阿密热火队的三巨头是名人效应。球迷的欣赏好像是有周期的，现在轮到了“明星聚集期”。过去，人们觉得明星在一起对彼此名声无益，但如今发现原来名声也可以有扩大效应。这有点像演艺模式，一部电影聚集了好几个大腕。

同样是美国的 NBA，我们还可以通过勒布朗·詹姆斯（LeBron James）跳槽事件来看体育名声的微妙差异。詹姆斯从克利夫兰骑士队跳槽到热火队时，很多NBA名人都看不上他的这一行为，其中一个耐人寻味的理由是历史会怎么看詹姆斯，言下之意是詹姆斯抱大腿，而不是自己带队夺冠。这就是历史名声和现实名声的差异——评价点不同。如今，詹姆斯不仅在热火队拿了两个总冠军，并且还给家乡的克利夫兰骑士队带来了一个珍贵的总冠军，这时候，人们的目光又转到了詹姆斯和乔丹的比较上面，这种比较就是历史名声的较量。

我们之所以可以在体育中看到历史是因为体育大概是人类社会中极少数自带历史功能的领域。我们在体育比赛中看到一个个历史纪录被打破，对别的领域来说，历史纪录就是用来崇拜的，是一种上限，是封顶的，而对体育而言，历史纪录就是用来打破的。我们在电视新闻的现场直播中有时候会感受到参与历史，但是，这种感觉是很少有的。

新闻名声：昙花一现的名声

新闻炒作/新闻名声和历史名声的转换

新闻的名声可以说和历史的名声正好相反，用时髦的话说，新闻的名声是只求曾经拥有，不求天长地久。新闻是稍纵即逝的，它可以算是短期行为，追求短期效应。很多人可能更喜欢沉醉在新闻的名声中，而不愿在历史的名声中保持清醒。从某种角度看，历史的名声比较理性，而新闻的名声比较感性。因此，新闻名声的堆积未必就等于历史的名声。新闻界有一句行话："今天的新闻就是明天的历史。"如果报道晚了，新闻就成了明日黄花。

很多记者喜欢把自己写过的新闻报道整理成书出版，遗憾的是，即便是一些著名的记者，他们的新闻报道被装订成书以后虽然不能说一文不值，但也索然无味了。道理很简单，新闻是明日黄花，过了报道的时间，它就枯萎了，不值钱了。说来很残酷，可能只有很少的伟大报道能够进入历史记录的行列。我们可以说新闻记者被赋予了伟大的历史使命，他们是历史的记录者，承担着历史的责任。但是，新闻毕竟不是史书，新闻记者也没有史官的位置。

严格地说，今天的新闻已经和历史产生了某种隔膜，也就是说，历史有历史的叙述方式，而新闻也有新闻的表达结构。如果说让历史告诉未来，这话多少有点靠谱，但如果让新闻告诉未来就显得不够搭调了。也可以这么说，新闻不仅难以作为历史而存在，更加难以服务于未来。从某种意义上说，新闻只能服务于当代，想要让新闻功在千秋是很难的。

正是在这个角度上，我们可以参考鲁迅先生的话，鲁迅先生希望自己的文章是速朽的，事实上，他的文章并没有速朽，而所有的新闻倒是会速朽。如果一些记者自认为他们的新闻报道集在多年之后还有出版的价值，那可能是为了评职称，或者是给自己和家人留个纪念。

我们不怀疑文学和艺术也是服务于当代的，但它们中间的大多数都可以有机会服务于未来。抽象地说，越是真实的，就越是短命的。比如，新闻的真实性是和当时的环境并存的，它只活在出生的那个时刻。为此，我们甚至很难记住做新闻报道的记者，因为他不是创造者，也不是创作者，只是伟大的记录者。而文学家是创作者，他们添加了自己主观上的东西，也许正是这种主观带领他们的作品走得更远。不仅是文字，早期的绘画也是朝着栩栩如生的方向发展的，最后甚至达到了逼真的程度。但是，照相机诞生以后，逼真的绘画就不得不寻找抽象的道路了。

那么，新闻名声究竟是一种什么样的名声呢？很多人现在恐怕会说新闻名声是一种炒作的名声。新闻名声的矛盾之处在于，一方面，我们希望新闻是速朽的，如果很多新闻记者都收集自己早年的出名新闻报道成书，并且这书还畅销，那就说明我们的社会有问题；另一方面，新闻名声又希望有朝一日能够变成历史名声。

就记者的名声而言，在20世纪后半叶，新闻记者曾经是最受尊敬的职业之一。那时是以政治地位论英雄的，媒体少，记者少，很多地方的老百姓从来都没有见过记者。但如今的社会更多是以经济地位排名的，记者的名声今非昔比。抛开政治的影响，现在才是记者名声的正常状态。

网络名声：虚拟的名声

社交名声/熟悉的名声和陌生的名声的区别/社交媒介

自从有了网络，就有了网络名声。所谓网络名声，就是指产生于网络空间并且被现实世界所关注的名声。在网络诞生之前，这种名声是我们闻所未闻的，那时我们所知道的名声基本上都是现实主义的，也就是说，它们都是现实的。而网络名声就不同了，网络世界被认为是一个虚拟的世界，因此，网络名声也具有浓厚的虚拟色彩。

实际上，很多人会认为名声本身就是虚拟的，因为名声好像是看不见的、飘忽的、人为的、难以测量和准确判断的。但是，今天我们会发现，名声和经济的关系越来越紧密，也就是说，名声已经变成一种经济，人们对名声的追逐变得越来越实际。

虚拟名声和现实名声的区别是，前者是陌生的名声，而后者是熟悉的名声。也就是说，虚拟名声是在完全陌生的环境中产生的，很多网民都知道某一个人的名声，但可能都没有见过他。现实世界的人际传播强调面对面的接触，而网络中的虚拟人际传播是可以省略见面的，甚至就是以不见面为前提的。

电视让我们足不出户就能够了解天下大事，但电视也有可能把我们局限在家庭的空间里，换句话说，电视延长了我们的视觉，但却在某种程度上缩短了我们的身体。因为有了电视以后，我们的活动空间可能变小了。所谓“秀才不出门，全知天下事”。过去，我们都会认为三国时期诸葛亮是先知先觉，因为他只在农村种地就知道天下事，结果是刘备不得不三顾茅庐才能请他出山，可见诸葛亮当时所处环境的封闭程度。

很多过去难以想象的事情在今天看来好像是易如反掌的，在网络时代更是如此，我们很多人都可以成为网络上的诸葛亮，我们已经把图书馆搬回了家。“大门不出，二门不迈”，这是我们形容封建社会中大家闺秀的一种生活状态，这种描述反映了那个时代的封闭性。而今我们是否真的需要另外一种自我封闭呢？“读万卷书，行万里路”，这种豪迈气概是否已经过时了呢？

网络名声是一个很大的概念，实际上，它也应该包括社交媒介的名声。网络刚出现的时候，大部分人都觉得互联网是人类的终极媒介了，因为人们想象不出来还有什么新的媒介可以超越互联网。今天看来，网络已经和社交媒介区分开了，仿佛社交媒介完全是一个新生事物。

事实上，我们现在的很多社会行为都已经社交化了。比如说社会化阅读，看上去它和社会化媒介一样让人费解，现在对社交化媒体更简单的说法是社交媒介，那么社会化阅读是否就是社交阅读呢？传统意义上，阅读是个人的孤独行为，而现在社交传播流行，阅读的共享色彩加强，这对人类的阅读产生了什么影响？是让阅读更肤浅了还是说让阅读更热闹了？可谓书籍的非书籍阅读。同样新鲜的是小范围写作，社交网络的出现可以说催生了中国的私人化写作，比较来说，微信写作就比微博写作表现出更多私写作的特征。这种小范围写作有相当比重的熟人色彩，它应该比小众还要小，不知道作者的人常常会觉得莫名其妙。但是，私写作的真实性和原创性仍然会让这种小范围写作通过熟人的传播而递进到大范围。

在社交媒介时期，我们周围有了一些最熟悉的陌生人。过去，可以称得上朋友的人都是见过面的；但如今有了社交网络以后，有些人虽素未谋面，但却以朋友相称，因为他们天天在朋友圈“见面”。这似乎改变了朋友的定义，朋友变成了一种途径，一种用功能来划分的渠道，微信给好多人提供了虚拟见面的机会。如果在以往，熟悉的陌生人就是名人的标志，很多粉丝都有这种感觉，他们几乎知道自己所喜欢的明星的一切，但是，明星对粉丝来说仍然是一个陌生人。

可以说，社交媒介让我们熟悉了周围的人。虽然今天的媒体已经十分发达了，但周围的人仍然是很多人感知世界的一种方式。并且，周围的人恰恰是传统媒介无法到达的地方，如今的社交媒介填补了这个空白。通常，交往越广泛的人就越容易通过周边的人来判断新闻的真实状况，当然还包括统计局的数字是否可信。社交媒介的崛起让我们周围的人变得更加重要了。这就引发了传播的相关性问题，过去这种相关性往往是天然的，取决于读者的地理位置，以及传播内容和受众的相关性。如今情况发生了微妙变化，社交媒介增加了传播的关联性，意见领袖复活了，相关性传播占个人传播活动的比例越来越大，受众之间的相关性越来越重要。

地方名声：近距离的名声

网络对地方性的影响/地方化和本土化的区别

一些人在地方很有名，但他们没有全国的名声。比如，地方电视台的节目主持人在当地是家喻户晓的，但在外地却不为人知。直到这些地方电视台的主持人出现在央视的荧屏上，他们才有可能获得全国范围的名声。在地方名声转化为全国名声的过程中，新闻媒介无疑起着关键的作用。比如，央视的《新闻联播》节目一直是地方电视台新闻竞争的场所，因为央视是国家电视台，覆盖全国，它播出的新闻更加容易获得全国的名声。即便现在有了卫星电视，湖南卫视获得了超越省份的名声，但获得全国名声的主要渠道仍然是聚集在北京的中央媒体。

中国的媒体结构和英国有点类似，全国性的媒体基本上都集中在国家的首都。但我们更加愿意强调中央媒体的级别，比如国家级或者中央级，这当然和我们的行政级别有关。另外一个差别是，英国就连小报都是全国性的，总部也在伦敦。而中国的小报没有国家级的，这当然不仅是对小报的歧视。事实上，中国的新闻界也做过许多努力，但奇怪的是，成功的都是地方小报，不论是晚报，还是都市报，都被局限在以城市为中心的区域。

而在大洋彼岸的美国，我们看到的是另外一番景象，在那里，地方性报刊占据了统治地位，地方新闻是美国新闻消费的硬通货。即使像《纽约时报》和《华盛顿邮报》这种具有世界名声的报纸也是地方媒体，顶多可以算是区域性报纸。难怪有人据此认为上海和广州也应该能够产生具有世界名声的报纸。

有了网络以后，我们的地方观念发生了巨大的变化，一个地方性新闻事件很容易成为全国乃至全世界关注的事件。因为网络是世界性的媒介，它模糊了国家的边界，比较容易让地方事件走向世界。过去，我们一心想让中国媒体冲出亚洲，走向世界，但效果总是差强人意，因为我们的主流媒体很难进入西方的主流社会，很难在西方入心入脑入耳。

同样的道理，长期以来，地方电视台的新闻想上央视的《新闻联播》节目也是非常不容易的，每年地方电视台有多少条新闻能够上《新闻联播》已经成为一种考查业绩的指标。于是，我们就有了至少两种地方新闻的视角，第一种是从全国的视角来发现的地方新闻，这种地方新闻需要站得高，看得远，是给全国人民观看的地方新闻，看上去高瞻远瞩，非常大气；第二种地方新闻是给本地人看的，例如江苏电视台的《南京零距离》节目，是本地新闻单位做给本地人的地方新闻，可以说是典型的本地化的地方新闻。这种新闻就显得有些琐碎，外地人未必会关心这些事情，除非节目做得十分娱乐化。

那么，我们不妨反其道而行之，试问有没有从地方视角来看的全国新闻呢？如果对比中国和美国的新闻报道，我们就会发现，美国人更加重视地方新闻，这当然和美国的社会制度有关。因此，我们可以理解为什么美国的《纽约时报》和《华盛顿邮报》是世界性大报，但它们并不冠以全国性报纸的头衔。

在文学上有一个说法，所谓“越是民族的，就越是世界的”，也可以理解为“越是地方的，就越是世界的”。但这话用在新闻上就不大合适，因为阅读小说的时候，读者未必会考虑作者是否是本地的，而在看新闻的时候，观众会在乎这个新闻发生在什么地方，离自己有多远，和自己有什么关系。也就是说，文学的阅读文本是开放的，而新闻的阅读文本是相对封闭的。不过，有时候也有奇怪的现象，比如，中国人似乎喜欢看《环球时报》，它在中国的发行量很大，可以由此判断中国人对外国的事情比对本国的事情还关注吗？

新闻理论中有一个新闻价值判断，就是离读者越近的新闻，越容易引起读者的关注，这就是新闻的接近性，也可以称为新闻的地域性。但是，在新闻价值的几个指标中，地域性是目前受到挑战最多的一个。我们可以发现，在如今的许多新闻报道中，并不都具有五个“W”，而经常被忽略的恰恰就是地点。是因为新闻发生的地点不重要吗？一种可能的解释是，媒介已经另外为我们创造了一个新的媒介时空，这个媒介时空和我们熟悉的现实时空是不同的，因此，很多人会用媒介时空取代现实时空，将两者合二为一，恍如隔世。

网络让我们看到了更加难以置信的事情，那就是连时空都可以是虚拟的。我们似乎是在现实时空、媒介时空和虚拟时空的三维时空之间穿梭，正是在这个背景下，地方的价值获得了空前的提升。当我们说世界正在变成地球村的时候，我们是在强调人类之间的距离正在缩小。同时，每一个地点都可以很快到达，不仅是新闻记者可以被迅速派到那里，我们很多人也可以使用手机记录那里发生的一切。于是，地方不再只是一个偏远贫穷的概念，它变成了世界的一个点。

在网络世界中，空间好像不再强烈表现为纵向的，换句话说，我们过去习惯把空间看成是垂直的，从地方到全国，再到全世界，都是垂直的，一级高过一级。在这种情况下，地方新闻如果希望成为世界性新闻，通常要经过国家的关口，就是说，它首先要成为全国性新闻，最后才能成为全球性新闻。而网络就不同了，在这一点上，网络是平等的，因为网络既是地方的，也是世界的。因此，我们看到中国的很多地方事件如今很容易被世界上的媒体所关注。现在，很多驻北京的西方新闻记者已经不再依靠传统的新闻剪报方式来发现新闻线索了，网络成了他们的首选。

在中文的语义中，“地方”是一个中性的概念，它可以指世界上的任何一个地点，也可以是一个和中央相对的概念。它本身并不包括浓厚的本地色彩，也就是说，地方化和本地化不可同日而语，“地方”一词比“当地”或者“本地”的概念要大。好比我们在使用“本土化”这个概念的时候，经常容易把它和“本地化”搞混，其实，这两者还是有明显的语义差别的，本土化常常是指在全球化的背景下，国外的东西进入中国以后为适应中国情况而做的改变。比如，现在中国很多的电视节目类型都是从西方引进的，只不过都做了本土化的改造，以便适应中国人的需要。

国家名声：硬名声

硬名声和软名声的区别/影响国家名声的因素

自从有了国家，我们这个世界最重要的组织机构一直就是国家，至今未变。如果说家庭是我们这个社会最小的组织，那么国家就是最大的组织。虽然我们有联合国，但是在最近一些年的世界局部战争中，我们看到的是软弱的联合国。

从某种意义上说，国家名声是一种硬名声，而世界名声是一种软名声。之所以这么说，是因为我们看到的国家名声经常表现出强硬色彩，不仅是国家领导人的强硬，还有国家媒体的强硬。在国家名声的排列上，国家领导人无疑是名列前茅的。国家领导人不仅代表着一个国家的形象，同时也在相当大的程度上反映了一个国家的名声。

我们在看待国家名声时有两个角度，一个是本国人的看法，另外一个就是别国人的看法。在这个意义上，我们似乎可以说国家名声是内部名声，而世界名声是外部名声。

影响国家名声的因素非常多，比如，国家的大小、国家的形象、国家的经济实力。通常，一个国家面积越大，它的名声就越大。但这也不绝对，因为还有别的因素会起作用，例如，如果一个国家的形象不好，那么它的强大反而会带来更负面的名声。

世界名声：名声在外

墙里开花墙外香/张艺谋/诺贝尔奖/奥斯卡奖

我们经常会感到困惑的是，为什么有的人和事在国内名声不大，在国外名声却很大？我们把这种现象叫作名声在外，墙里开花墙外香。造成这种现象的原因是比较复杂的，但是有一点值得我们关注，那就是确实有世界名声的存在，它不同于国家的名声和地方的名声。

比如，张艺谋的世界名声在很长一段时间里似乎大于他的国家名声，这当然与他获得了一些国际电影大奖有关。电影是世界性的语言，电视剧则可以说是一种国家性的语言，因此，我们容易看到电影演员比电视剧演员拥有更多的世界名声。在这方面，巩俐和章子怡就是典型，她们都很少拍摄电视剧，而是在国际大导演的电影中担任女主角。

这里需要讨论的一个问题是，世界名声的价值就一定高于国家名声吗？从传播范围来说，世界名声肯定大于国家名声，但从传播密度讲，世界名声未必能够超越国家名声。比如，中国是世界第一人口大国，中国的电影观众数量也是十分可观的。

那么，国家名声和世界名声有什么区别呢？如果你只有国际名声，而没有国内名声，你有可能被误解。当年张艺谋的电影就被认为展示了很多中国的落后形象。世界名声未必就比国家名声伟大，毕竟今天的政治还是以国家为单位的。国家的名声未必就是世界的。

诺贝尔奖是典型的具有世界名声的奖项，中国人很少获奖，因此很多人说中国人现在已经有了诺贝尔奖情结，反映了中国人对世界名声的渴望。世界上有很多奖项，但诺贝尔奖的世界名声可以说是最大的，这当然与西方世界的认可有密切关系。说到诺贝尔奖，很多人都会觉得中国人现在首先应该得到的是诺贝尔经济学奖，因为全世界很多人都好奇中国改革开放这些年的经济突破是怎么做到的，中国的经济进步有目共睹，特别是最近一些年，赢得了世界关注。如果有经济学家可以解释这种经济成就，那么这种经济学理论成果应该能够获诺贝尔奖。中国的经济实惠当然会给人民生活带来福利，这种经济成绩当然不是简单的经济政策可以解释的，就连普通的中国老百姓都会觉得这种经济变化好像很突然。究其原因，除了前面的积累，还有强力的领导，以及中国人的普遍性智慧。

让人惊讶的是，莫言首先获得了诺贝尔文学奖。我个人觉得，这让诺贝尔奖走近了中国，揭开了神秘的面纱，因为我们比西方人更了解莫言，所以，这在一定程度上治疗了我们的诺贝尔情结。过去都是外国人得奖，或者说即便是华人，至少也是用外语发表的文学作品，这都和我们有距离。现在窗户纸被捅破了，这是好事。果不其然，屠呦呦又接着获得了诺贝尔生理学或医学奖。

反过来我们再看看美国的奥斯卡金像奖，它在世界上很有名气，但是它属于不折不扣的美国国家奖，绝大部分的参赛影片都是美国影片。比较而言，法国的戛纳电影节、意大利的威尼斯电影节和德国的柏林电影节更具有世界性。但是在很多中国人看来，这些奖项似乎都不如奥斯卡奖具有的世界名声大。因为美国的文化输出太强大了，以至于我们常常会把美国的文化误认为世界文化。

第五章　看得见的名声——形象

形象的历史变迁

名声的形象化/书画不分家/中西医的形象观差异/照相机/摄像机/电视/视频

人类最早通过绘画来描述形象，这些画作大部分都是雕刻，它们有可能被刻在岩石上或者山洞里。绘画的动机除了娱乐之外，还有一个很大的可能是传递信息，这是纯粹实用主义的功能。在文字被发明出来之前，所有的信息都是以形象为单位的。

显然，口头语言并不能满足人类当时的需要。口头语言的一个局限性是方言，也就是说，在古时候可能只有本部落的人能够明白彼此的语言。今天我们看到的是方言的败落，虽然在央视每年的春节联欢晚会上还能够看到方言在小品中的活力，但那明显是出于娱乐大众的目的。

在人类发明货币之前，一切的交易都是以货易货，这既可以说是实物交易，也可以视为形象交易，一切都在可视的范围之内。而货币被发明出来以后，人类的经济活动变得越来越标准化，货币被统一，交易不再是实物交易，市场成为名副其实的看不见的手，形象经济开始崩溃。今天，经济交易甚至更上一层楼，已经变成了无纸化操作，也就是说，就连可视的货币都看不见了，交易成了单纯的数字。过去，我们常常听到这种说法，就是钱对于富人来讲就是一串数字，而今这种情况开始落实到我们每个人的头上。

文字的发明肯定是人类的一件大事，严格地说，文字应该是人类发展的自然产物，而不是某个先知先觉的专利品。人类有了语言之后就需要用文字把它固定下来，因此，文字是语言的凝固剂。有了文字以后，形象似乎就不再是人类的信息单位了，文字取代它，成为人类信息交流的货币。这种事情看起来有利有弊，利是人类又有了一种新的思维方式，弊是文字有可能会制约人类的形象思维。

目前我们所知道的是，秦始皇统一中国的时候统一了中国的文字，但是没有消灭方言，也就是说，文字语言相对来说容易统一，而口头语言却很难统一。当人类的语言重心从口语转向文字时，意味着语言的支撑点变成了文字。

众所周知，人类的文字语言有两条主线，一条是拼音文字，另外一条就是象形文字。中国的文字是象形文字，也是世界上最难学的几种文字语言之一，门槛很高。有意思的是，这似乎从一个侧面证明了形象的语言未必容易学习。不过，中国的文字语言后来却衍生出书法艺术，这也可以被看成是一种视觉艺术。

有趣的是，中国传统文化讲究文史不分家、书画不分家，文人常常是把字画放在一起品味的，这可能造就了中国书画的互相影响，画有字味，字有画意。因此，中国人的形象观是比较写意的，虚虚实实；而西方人的形象观是比较写实的，这一点在中外的人物画上就有比较突出的体现。

我们从医学上也能够看到中外形象观的差异，中医主张整体考察，西医则是头痛医头，脚痛医脚，是局部的形象观。由此看来，中国的形象观似乎是讲究内化的，所谓由表及里、深入浅出；而西方的形象观是比较外化的，主张七情六欲，溢于言表。因此，西方近代的自然科学就是建立在分类和专业的基础之上的。

中国的国粹京剧也是抽象的艺术，脸谱则把人类形象简化为若干种类，是一种中国式的分类学。

照相机的发明使得人类可以复制自己的形象，这是人类第一次大规模使用科学来传递有关形象的信息。如果把人类的信息轨道分为两个部分，一个是文字，另外一个就是形象，在这里也可以称之为画面。

如果说照相机给人类的形象提供了许许多多的定格，那么，伴随着摄像机的诞生，电影再次从形象上震撼了人类。从某种角度说，固定照片充满了怀旧和思念，它的历史感至今仍然影响着我们，以至于即便在今天，当我们挑选历史瞬间的影像时，大多会选择照片。而移动影像则更具有现代感，属于现在的产物。电影让人类生活第一次充满了形象的表现力，人类可以在不依靠文字的情况下表达现实的生活。虽然从无声电影到有声电影是一个重大的转变，但是，这种转变仍然没有动摇电影对形象的依赖。

电视的发明使得我们的日常生活形象化了，所以，电视有可能直接或者间接导致人类文字语言的退化。如果说广播是没有文字的媒介，那么，电视就是画面居于主导地位的媒介。有意思的是，电视的出现再次让我们看到了画面的门槛有多么低，即便是在不发达的国家，电视仍然可以超常规地发展，甚至于电视可以跨越电影和报刊，成为落后地区的主要媒介。出现这种现象的理由很简单，因为文字的门槛很高，而看电视不怎么需要文化。

在互联网时代，视频甚至可以把画面变成无处不在的东西。通过每一个摄像机探头，画面记录了人类大部分的形象生活，重要的一点是，和文字相比，形象更有故事。今天，文字开始向形象妥协，几乎所有的文字都在力求转化为形象的画面。在手机时代，已经很少有人使用照相机了，照相机携带者往往是两种人，一种是专业摄影师，另一种是退休摄影队。论照相机设备的水平，不比手机差。如今，更多的人使用手机拍照，最突出的是自拍行为，这是社交媒介的特色。社交媒介对摄影有很大影响，显然，社交媒体不仅降低了摄影的门槛，更重要的也许是它让摄影作品的发表变得越来越容易，这直接或者间接导致了人们对摄影的跃跃欲试，包括那些在一定程度上排斥摄影的保守派。这无疑是视觉传播时代的到来，所谓无图不新闻，拍摄和发表成了一体。

给形象定义

媒介形象/形象工程/公共关系

想要给形象下一个完美的定义并非易事，在中文里，我们通常说的一个人形象好不好，指的是他的外在形象。有意思的是，在英文中，我们很难找到一个和中文的“形象”相匹配的词。英文似乎习惯于使用很多词来描述一种东西，比如，一个“看”字，英文有很多不同的看——用不同的词表现不同的看；而中文就是一个“看”字，所谓“不著一字，尽得风流”。中文好像喜欢用最少的语言表达最多的东西，而英文则相反。这并不能够说明中文有多么精练，这背后反映的可能是文化的差别。西方人在分类和科学上的爱好也融进了语言，他们追求语言的准确性和客观性，而中国人仿佛更喜欢语言的丰富性、多样性，所以在这方面我们至今无法超越唐诗宋词。英文相似词之间的比较是非常有意思的，而中文就很少会有这样的比较，这并不说明中文粗糙，因为中文常常是只可意会不可言传的。

媒介形象研究至今，有一个问题一直困扰着我们，那就是无论是从学科还是整体的角度来说，我们对形象的研究一直都是薄弱环节，这在某种程度上成为媒介形象研究的一个瓶颈。实际上，这个问题不仅影响媒介形象研究，也同样影响对国家形象的研究。有人力图建立一门形象学，但我们肯定不能等到形象学研究完成以后再开展媒介形象或者国家形象的研究。实际上，东西方文化的差异也在某种程度上导致了对形象的不同解读。比如，一个“秀”字就生动地反映了这种微妙的区别。

迄今为止，仍然有一些人对媒介形象研究表示不解，他们经常提出的一个问题就是，媒介形象到底是什么？媒介形象是否真正存在？这自然是一个实在性或者实体性的问题。除此之外，我们还可以看到，在国际传播领域，媒介形象问题也日益突出，媒介形象已经成为国家形象的有机组成部分，对国家形象有着不可忽视的影响。如果一个国家的媒介形象不大好，那么，这个国家的国家形象就会受到牵连，因为一个封闭的媒介形象和一个开放的国家形象是不匹配的。反过来说，假如一个国家的国家形象不好，那么这个国家的媒介形象也好不到哪里去。

20 世纪末，中国改革开放后，我们对形象的态度大致经历了三个阶段：

第一阶段，我们不能接受批评，只能说好的，不能说坏的，我们还习惯于用表扬和批评的概念来区别新闻报道。很多人认为批评报道就是败坏形象，这是狭隘的形象保护时期，形象在这时都是比较抽象的，最典型的例证就是当时的社会对漫画和相声的容忍度比较低。

第二阶段，我们开始容忍批评，“批评”和“批判”这样的词语开始具有了某种中性色彩。甚至一些人认为，不论是批评还是表扬，只要有新闻媒体报道了，就会扬名。

第三阶段，我们开始注重形象工程，形象问题被提升到战略公关的高度，很多单位对有负面影响的新闻报道开始采取危机公关。我们开始意识到，正面报道处理不好也会有负面效果，负面报道处理好也可以有正面影响。

公共关系理论是从西方引进的，西方人一直力图把公共关系和个人隐私空间划分清楚；而很多中国人习惯公私不分，所以容易把公共关系学科简单地理解为搞关系的学问。于是我们在公共关系领域就发现了一个有趣的现象，那就是西方人认为很难的事情，中国人认为很容易办到，比如，如何和自己的上级领导搞好关系。中国人讨论关系的时候，往往倾向于拉近双方的关系；而西方人说到关系的时候，似乎更热衷于区分关系，这样做的后果好像是客观上疏远了关系。具体地说，当一种关系被搞得非常清楚时，常常意味着是在给关系确定一种界限。而中国人仿佛更喜欢把关系模糊化，就像厚黑学。

传媒在接受公共关系时，表现出两种倾向。一种倾向是，很多传媒实践界的从业人员在离开传媒界时选择了公共关系，因为现在公共关系的很大一部分工作是与媒体打交道，所以退役的记者自然是公共关系部门的首选。另一种倾向是，过去，许多大学的新闻传播学院一直努力拒绝让公共关系的课程进入新闻传播教育体系，如今情况发生了变化，很多学校为新闻传播系的学生引进了公共关系课。他们的理由也是非常充分的，因为现在公共关系对新闻传播的影响越来越大，许多媒体播放的节目和发布的新闻稿都是直接由某些大企业和利益集团的公共关系部门制作的。

那么，究竟什么是形象呢？平时经常会有人提醒我们注意形象，这里的形象肯定不仅指裤线笔直与否，更多指的是给别人留下什么印象。而当形象从名词变成形容词时，它就意味着我们是否能够生动并且具体地描述一个事物，比如，使用成语或者比喻就是贴切的方式，画面比文字更形象，电视比报刊更形象，卡通比童话书更形象。在这个意义上，形象就变成了一种夸张和感性的方式，是为了让一个人接受一种东西。

而在英文里，和中文的“形象”最接近的词是 image，这个词翻译成中文有肖像、映像以及印象的含义，而在英文里，它除了表示机械或者电子映像以外，更多是用来表示你在他人脑海中的形象，也就是说，是你投射在他人心中的印象，而不是你对自己的看法。换句话说，在英文中，形象具有更多的客观性；而在中文里，形象带有更多的主观色彩。

在公共关系中，想要改变一个国家对另外一个国家的看法是很难的，比如，日本在第二次世界大战以后花了大量的精力去改变美国人对日本的印象，确实有效果。澳大利亚多年来也想改变自己的国家形象，但效果并不显著。在很多外国人的心目中，澳大利亚始终是以美丽的自然风景著称的，伴随着袋鼠和考拉。2009 年，澳大利亚昆士兰旅游局在全世界范围内招聘大堡礁护岛人，就是积极主动建构新的国家形象的一种尝试。

中国在 20 世纪末发生了巨大的变化，这肯定会改变中国的国家形象，但仅仅有客观的变化是远远不够的，因为这会给人一种被动的感觉。全世界都会承认中国的经济变化，但中国的政治形象和文化形象呢？一个国家的形象肯定是一个综合的概念，包括政治、经济、文化、军事、媒介等。

最近一些年流行的危机公关也着眼于形象，不仅有企业危机公关，还有国家形象的危机公关。实际上，这可能说明一个问题，就是危机对形象的影响大于日常状态，比如 2008 年中国媒体对汶川地震的报道。过去香港凤凰卫视的新闻影响力就建立在对这些重大新闻事件的报道上。

形象有时候接近名声的意思。比如，我们有时候说一个国家或者个人有好的形象，实际上是在说他们有好的名声。但相对来说，名声这个概念更加中性化，有好的名声和坏的名声；而形象这个概念则更加富有想象力，并且当我们说到形象时，绝大部分都是在指好的形象。

形象的名声

形象是名声的载体/文字和画面之争/从文字到画面的转换

可以说在 20 世纪之前，人类的绝大部分名声都是看不见的，对于名人，我们常常是只闻其声，不见其人，那时我们只能从画家的人物肖像画上去感受那些名人的风采，也就是说，形象是我们和名声之间的距离，距离产生美，也产生形象，更产生名声。

今天，名声不再只是一个美丽的传说，而是变得越来越现实，或者更加确切地说，名声已经变得越来越形象，它像一幅图画一样越来越形象逼真地展现在我们面前。今天的名人离我们越来越近，所以才会有越来越多的粉丝，严格地说，粉丝就是近距离的产物。名声的主要推动器是传播媒介，从摄影到摄像，从电影到电视，我们这个世界的图像越来越清晰，越来越容易理解，越来越刺激，越来越富有直接性。

设想一下，秦朝的老百姓会怎么想象他们的统治者？他们中间恐怕很少有人见过秦始皇，他们只是听说过这位伟人，在他们的想象中，这个皇帝可能有着三头六臂，不是普通人。而今天，绝大部分国家的老百姓每天都可以在电视上看到他们的领导人，所谓百闻不如一见，这些领袖的名声从某种意义上说是可以和形象对号入座的。

如果说名声过去的载体是传说，那么名声今天的载体就是形象。如今，没有形象的名声是难以想象的，无论是风景名胜，还是社会名人，几乎都有形象的画面做支撑。

在日常生活的表达中，我们经常会听到有人建议我们的表述更形象一些，这是什么意思呢？就是希望描述更具体一些，更生动一些，这样更容易让别人理解。而文字语言和画面语言相比，就显得不那么形象。多年前，在中国电视界就有画面和文字之争，争论的焦点是谁更重要。在那个时代，电视的画面和解说词似乎是两张皮，电视人希望确立电视画面的主导地位，似乎只有这样才能使电视独立起来，摆脱报刊和广播的影子。今天看来，这场电视圈内部的争论似乎已经落伍了，因为有人从符号学的角度解释了画面和文字的差别，还有人注意到新华社已经开始办电视节目了。显然，现在已经不是报刊加大图片尺寸来应对电视挑战的时代了，今天是媒介融合的时代，如果说过去是画面变成文字的时代，那么，如今就是文字变成画面的时代。

这么说并不是把文字当成了画面的附庸，而是强调今天的信息越来越多地呈现出视觉色彩，也就是说，我们已经进入了视觉传播时代。从读图时代到视觉传播时代，我们经历了从固定画面到移动画面的转变。如果说固定画面给了我们更多的历史感，那么，移动画面则给了我们更多的现代感。

文字和画面都是信息，但是，它们有很多区别。从目前的情况看，文字信息显得更理性，更适合逻辑思维，更多被用来表达观点信息；而画面信息比较感性，感情色彩更加浓厚，容易产生煽情的效果，我们在凝视一张照片或者一种图景时常常比面对文字更容易潸然泪下。有意思的是，我们不大容易判断文字和画面谁更富于想象。中国画讲究留白，“不著一字，尽得风流”。传统的诗配画通常有相得益彰的效果，它们共同创造了某种想象的意境，似乎它们之间没有什么矛盾。

难以否认的是，当我们看到美丽的文字或者画面时，常常会有某种冲动，就是把最美的文字变成一幅画面，或者把最美的画面变成一组文字。当我们说某些东西无法使用语言来表达时，我们很可能是在暗示画面和文字之间是无法自由转换的，正如诗歌是很难被翻译的。

但是，同样难以否认的是，我们今天正在追求信息的图像化，这不是简单的看图识字，而是一种画面统治，在政治上可以称之为画面意识形态。今天已经不是讨论画面和文字谁更重要的时候了，而是我们力图把所有文字信息转化为画面信息的时代，对于新华社来说，这意味着哪里有文字，哪里就有图像。过去，我们的流行口号是哪里有新闻，哪里就有记者；现在，我们需要的是全媒体记者，也就是说，他们发回来的新闻不仅要有文字，还应该有画面。

接下来有一个艰难的问题，就是所有的文字都能够顺利转化为画面吗？如果能够转化，那我们为什么还需要文字呢？今天报业的某种危机是否昭示了这一点呢？当文字的意境被肢解，画面就有可能成为一种独裁和霸权，我们很多人开始只使用画面来思考。这里需要回答两个问题：首先，文字信息为什么要被转化为画面信息？最可能的解释是，画面通俗易懂。今天我们喜欢眼见为实，耳听为虚。画面信息比文字信息具有更多的娱乐性。其次，是否所有的文字都能够自然而然转化为画面呢？目前来看，这是一个很难判断的问题。有趣的是，在重大新闻事件报道中，画面信息常常比文字信息发挥了更关键的作用。而在非事件性报道和日常报道中，我们常常看到的是文字和画面难分高下。换句话说，画面信息也有关键语言，捕捉到关键性的镜头就是成功的一半。

从文字的名声到画面的名声，我们的名声无疑变得越来越形象，越来越具有表演性。我们已经越来越习惯于把名声和形象连接起来，似乎有名声就应该有形象。在这种情况下，我们更加容易接受有形象的名声。比如，今天很多人能够想起来的名人通常是形象名人，即形象很好的名人，其中以演艺人员居多。过去，我们常常是听到很多名人的故事，而今天我们更多的是看到一些名人的表现。听到过和看到过是非常不同的，两者虽然都会让我们熟悉一些名人，但看到过意味着我们熟知名人的面孔，包括他们的声音，而听到过在这里并不是指我们听到过名人的声音，而是指道听途说，是口碑传播，属于口口相传。

过去，我们绝大部分人都没有什么机会见到名人，最典型的是毛泽东时代，老百姓基本上没有什么机会看到毛主席本人，如果能够参加天安门广场的万人大游行就算是非常幸福了，因为参加游行时有可能在远处看到毛主席站在天安门城楼上挥手致意。虽然那只是一个模糊的形象，但对于那个时代的老百姓而言，这已经是相当幸福的事情了。毛主席纪念章就是那个时代最具代表性的形象。

如今，网络上每年都会涌现出很多网络红人，俗称网红。如果你仔细观察，就会发现这些网络红人大部分都是通过视频或者图像来成名的，这从一个侧面说明了名声和形象之间的关系越来越近。

我们是否应该给名声附加形象的条件？换句话说，当名声离我们越来越近时，当画面名声逐渐超越文字名声时，当名声变成了看得见的名声时，名声本身是否发生了某种退步？即名声可能已经改变了它原来的方向，变得越来越具有表演性，相当一部分名声正在变成短暂的消费品，名声的短期效益正在嘲笑名声的长期效应。

第六章　名声的传播

时　间

时间消灭空间/地球村

在人际传播时代，名声的传播要依靠口碑，也就是人人相传，代代相传，这种传播的速度是非常缓慢的。名声经常是作为故事来传播的，因此，说书人和记史者就会成为影响名声的人。即便是在今天，我们仍然能够看到说书人在讲述历史的名声，因为这些是故事，这可能就是为什么我们很多人通常不大接受《百家讲坛》节目讲述当代的事情。虽然很多人可能会认为《百家讲坛》节目有点复古和封建，但这可能恰恰暗合了人际传播时代的名声传播模式，就是讲故事。

在大众传播时代，名声传播具有了共时性，也就是大家在同一时间看到同一种名声。电视直播是最典型的例子，我们在同一时间观看名声的表现。这个时候的名声传播就没有了人际传播时代的时间差，没有了添油加醋或者道听途说，我们都在见证名声，而不是听说名声。因此，我们可以说今天的名声传播更多依靠的不是故事，而是行为，是在公众关注下的行为。

传播速度的变化究竟对名声的传播产生了什么根本的影响呢？最直接的影响可能就是让名声贬值了，过去是各领风骚几百年，现在则是各领风骚几个月。我们有审美疲劳，也会有名声疲劳。如果一个人太快成名，我们就会怀疑他的名声是否会如同流星划过美丽的天空。在网络上，我们看到很多人为了出名而发表极端的言论或者采取极端的行为，因为网络是典型的眼球经济，注意力就是一切，有点击率才有市场。

在这里，我们就获得了两种时间的概念，一种是纵向的，就是垂直的历史观念，所谓名垂青史，指时间的长度；另一种是横向的，就是穿越空间的时间。比如，我们过去是靠烽火台传递信息，后来是使用马匹，再后来是通过火车和汽车，如今又有了网络，这些都改变了我们的时间观念。通过电视的现场直播，世界成了地球村，我们人类可以在同一时间概念下生活，时间面前人人平等。

那么，在这两种时间概念中，究竟哪一种更加重要呢？至少在我们称之为历史的时间段里，纵向的时间对我们产生了更大的影响，历史的名声正是在这种语境中展开的。而随着时间的横向发展，我们更多看到的是时间在消灭空间，也就是说，时间在不断征服空间。以往，我们更多听到的是空间战胜时间，所谓留得青山在，不怕没柴烧。时间如流水，空间总是巍然屹立。虽然人类也会不断破坏大自然，但我们总是能够在空间中看到历史的影子。

今天看来，当时间不断消灭空间时，时间好像忽然变得喜欢扩张了，这个时候，空间好像变得越来越有文化了。如果你仅仅占有时间，那么你顶多是流行，而一旦你拥有了空间，你就有了脚踏实地的文化内涵。在这个意义上，我们倒是可以理解为什么很多文学家说越是地方的就越是世界的。甚至我们还可以把电影比作时间，而把电视剧视为空间。

空　间

空间的选择/熟人社会和生人社会的区别/我思故我在和我在故我在/虚拟空间和现实空间

我们可以做这样一个理论假设，一个人在互联网上展示自己的隐私照片，而另外一个人则把自己的隐私照片贴在了自己单位门口的公告牌上，这会有什么区别呢？换句话说，如果让一个人在这两种方式中做出选择，他或者她会选择哪一种呢？看上去，他们做的是同一件事，只是方式不同。单纯从浏览的人数来看，网络的看客人数应该远远大于一个单位门口公告牌的阅读人数，照此推理，如果是出于展示的目的，更多的人应该会选择网络。那么，反过来说是不是正确呢？如果是出于保护隐私的目的，一般人会选择单位门口的公告牌吗？

从理论上来说，未必。因为网络和单位门口的公告牌是两个完全不同的场所，网络是以世界为单位的传播场所，它的规模是巨大的，网民是海量的，但它的最小传播单位是个人。换句话说，网络的传播终端是狭窄的，传播方式是隐蔽的和匿名的，正是在这个意义上，网络的传播是分散的，它需要聚人气。而单位门口的公告牌是集中的传播，人数虽然十分有限，但它的传播可以说是一种比较典型的集体传播，尽管它不像会议传播和广场演讲那样具有共时性。

更加重要的一点是，单位门口公告牌的传播也是一种内部传播。说它是内部传播，并非说它是隐蔽的，而是说走过这个公告牌并且浏览上面内容的过客很有可能是发布者的熟人，也就是说，他们认识发布者。这是非常重要的因素，在某种程度上，内部的概念和熟悉是分不开的。通常，规模越小，内部传播的特征就越突出，好比中国 20 世纪 70 年代末改革开放初期的内部观摩电影和 20 世纪 30 年代创办的《参考消息》报，当然还有保留至今的媒体内参，既有文字的，也有图像的。

由此，能不能就说网络传播是外部传播呢？这需要具体问题具体分析。从规模上看，网络传播是外部传播，但从传播的方式看，它又带有典型的内部特征，比如隐蔽性和匿名。因此，网络传播似乎是一种混合传播的产物，包含了内部和外部的传播。

这个例子告诉我们，空间对名声的传播有着十分微妙的影响，在网络上发照片和在单位门口公告栏上贴照片是不同的概念。如果是选择公开的名声，很多人就会选择在单位门口的公告栏上贴照片；反过来，如果是选择隐蔽或者虚拟的名声，某些人反而会在网络上秀自己的照片。

目前，在我们的学术研究中，对时间的研究比较多，对空间的研究比较少。而在有限的空间研究中，对全球化和本地化的研究比较多，但是对区域的研究就相对少一些。其实，即便是在对本地的研究中，我们仍然容易忽视其中微妙的区别。比如相声通常被认为是下里巴人的东西，它的传播就极大地受制于地域——相声是北方的产物，它在南方的效果就没有在北方那么好。虽然电视的推广有助于打破相声的南北分界线，但是并没有彻底改变相声的地方性。

在中文里，当我们说到地方时，常常是和中央或者全国相对的。当谈到全球化时，我们并没有一个十分恰当的词语与之对应，中国化可能是一种选择，因为本土化是一个比较学术的概念，它通常表现为一个由外向内的转换过程。在全球化的语境下，本土化悄悄地带上了一些国土化的色彩。

过去，在文学界有一种说法：越是地方的，就越是世界的，好像是越土越好。这种说法从一个侧面反映了我们对世界的看法。全球化明显是一个西方概念，它有一点早期的殖民主义痕迹，随着技术和现代性的发展，地球村的概念浮出水面。对发展中国家来说，比较容易认同的是经济全球化，而不是政治或者文化全球化。

当毛主席气势磅礴地号召我们要胸怀祖国、放眼世界时，他并没有使用全球化的概念。同样，我们在过去使用频率非常高的词是“世界观”，而不是“全球观”。那么，有没有真正的全球化，也就是去地域化呢？麦当劳可能会被当作典型，虽然它有一定的美国色彩，但它的全球化特征主要表现在标准化，而一旦标准化，可能就意味着快餐化、去文化色彩和去个性化。但是，反过来说，是不是越土的就越洋？越小地方的东西就越容易被世界接受呢？这也未必。多年的经验告诉我们，这个规律不大管用。

新闻学有一个价值规律：地域越接近，新闻的价值就越高。《环球时报》在中国的发行量很大，它只报道国际新闻，这说明中国人更关心国际事务吗？可见本地化也有它的一定之规。

在中文里，空间是比较大的概念，有宏观色彩，许多人是从务虚的角度来使用这个词语的。因此，我们在说到地方时，经常暗示着某些边缘化的色彩。在有关地方的词语中，我们也经常会听到地方保护主义的说法。

从传播的角度来看场所的历史，我们大概可以看到这样一些典型的场所，比如教堂就是一种非常古老的传播场所，它既是人际传播的场所，又是群体传播和自我传播的地方，它追求庄严肃穆，营造严肃的场所气氛，就连它的建筑也在传达着一种浓厚的场所信息。从某种意义上说，这样的场所往往追求的是时空的凝固，或者说是时光倒流。因为时间的脚步通常会超越场所的变化，所以我们才会经常故地重游，历史往往把它的痕迹雕刻在场所上面，而不是时光。

茶馆和咖啡馆也是比较典型的例子，在中国，我们比较熟悉的是茶馆文化，而在西方，是咖啡馆文化。法兰克福学派的哈贝马斯提出的公共领域理论在一定程度上和欧洲的咖啡馆文化有关。北京作家老舍写的话剧《茶馆》

则比较典型地反映了场所和历史之间的关系，茶馆不大，但它浓缩了中国近百年的历史。所谓山不转水转，如果我们把空间和场所比喻为山，那么，时间就可以是水，我们经常说“留得青山在，不怕没柴烧”，某种意义上就是在强调人生的空间感。时间和空间是难以分离的。

同样是茶馆，四川和北京就有很大的不同。四川更接近市井，而北京则更靠近上层。茶馆是典型的交流场所，和教堂不同的是，茶馆也是一种休闲场所，茶馆和小报的关系更密切，从这个角度看，我们也许可以理解为什么都市报首先在四川发迹。媒介为茶馆提供了许多必不可少的谈资，而茶馆反过来也成了活跃的消息集散地。从茶馆可以看出大众传播和人际传播的相关性，茶馆作为人际传播的场所给大众传播提供了一种群体接受终端，它有别于一个人单独接受的传播。

实际上，我们不妨从场所的角度来分析一下人类的基本需要。以一个村庄为例，教堂或者祠堂通常是用来维护信仰的；邮局在早期可以起到银行的作用，它是封闭的村庄与外界沟通的场所；家庭是私密场所；而咖啡馆或者茶馆是村民们内部交流的社区场所。可以说这四个基本场所都和信息传播有关。

从历史的角度看，人类的场所概念已经发生了很大的变化。比如，家庭一直是人类社会的最基本单位，当大家庭向小家庭过渡时，家庭作为信息传播的场所就发生了一些变化。过去大家族的传播场所包含了比较多的讨论色彩，随着家庭成员人数的减少，家庭的人际传播开始公共化，最明显的例子是，流行的大众传播工具——电视占据了客厅的显著位置，这意味着在某种程度上，大众传播在家庭里取代了人际传播的位置。

20 世纪 80 年代，中国的晚报飞入寻常百姓家，改变了当时的报纸布局。在此之前的很长一段时间里，中国的报刊是公费订阅并且在办公室阅读的，当时，中国的办公室工作人员常常是靠一杯清茶和一份报纸打发时光的。在这个意义上，办公室和家庭形成了鲜明的场所对比。在东方文化中，以厂为家是受到鼓励的，晚下班、晚回自己的家是忠诚于单位的表现，国家是大家，个人是小家，少数服从多数。办公室作为传播的公家场所，它的私人空间是比较小的，与此相适应，主要在办公室流通的报刊和进入家庭的报刊在内容上就存在很大的不同。办公室的报刊往往比较严肃，教育色彩浓厚，政策性强烈，是一种共享式阅读；而家庭阅读私密感强，属于个人阅读，人们可以自由选择，时间宽泛。

传播和场所之间究竟是什么关系？是谁改变了谁？两者之间有没有互动关系？传播者的传播场所和受众的接受场所之间有没有什么对应关系？比如，电视演播室的家庭化正好对应的是观众的收视场所，而广播的收音机和随身听也对应着汽车这样的移动场所。

早期西方的很多小说都是作者在壁炉边完成的，那么，这些小说的读者是在什么场景下完成阅读的呢？他们中许多人可能是在旅途的火车上，或者是在某一个小旅馆里，还有更多的人是在这些小说出版上百年以后才开始阅读的。这种写作和阅读的时空错位会对作品的解读产生什么样的影响呢？当我们从书籍走向报刊，再到广播电视和网络时，我们更多看到的是加快节奏的时间曲线，传播的周期越来越短，传播越来越即时化。与此同时，空间的变化就没有那么显著。

在农业社会，自然时间表现为只争朝夕，一寸光阴一寸金；而在工业社会，钟表取代了公鸡打鸣，我们的时间变得越来越精确，越来越统一，分秒必争，时间就是金钱。秦始皇统一中国时，强调的是地域的博大，有度量衡和文字的统一，但没有时间的统一。时间的统一更多的和钟表以及火车的到来有关，这些都在英国的工业革命中表现得淋漓尽致。当然，时间的发展离不开贸易，轻商的国家就会轻视时间。古代的帝国强调的都是地域和领土的扩大，而现代化的国家更加强调时间和效率。农业社会重视土地，农民起义的口号常常是均贫富、打倒土豪分田地，空间往往和公平相关。

媒介时间具有更多的共时性，媒介的受众在同一时间打开电视机，收看由电视台统一安排的节目。在电视直播中，这种效果更加明显，每个人都觉得自己在与别人同步收看直播。这个时候，电视超越了钟表，它不是简单的统一时间，而是在同一时间的概念下统一行为。在央视每年一度的春节联欢晚会中，我们看到了举国同乐的模式。

电视现场直播经常会带给我们一些错觉，好像我们可以通过电视实现身临其境，我看故我在。但是，电视中的现场并不完全等同于真实的现场，电视中的现场是一种远距离的现场，是通过电视镜头解读的现场，是有间隔效应的现场，是一种被塑造的视觉现场，它和媒介时间不可分割，共同构成一种场效应。

当人类的时间观念发生了翻天覆地的改变时，人类的空间观念似乎是停滞不前的。从媒介的发展历史来看，最早的书籍传播速度是非常缓慢的，到了刊物，开始有了定时的时间观念，报纸加速了这种时间的约会，而广播则充分开发了时间资源，电视的现场直播似乎达到了媒介时间的高峰。唯一不同的恐怕是互联网，如果说网络改变了我们的时间观念，倒不如说网络颠覆了我们的空间观念。在网络中，出现了虚拟的空间。以往我们的空间观念基本上是以真实为基础的，即便是媒介空间和现实空间有一点差距，它也强调百闻不如一见，眼见为实，可谓视觉空间；而到了网络时代，不仅发言者是匿名的，他们的活动空间也是虚拟的。

在互联网中，我们好像忽然失去了空间感，没有了空间引力，发生了空间失重，如同生活在文学作品中。最典型的莫过于现在的韩国电视剧效应，许多中国的韩剧迷自发地在网络上无偿翻译韩国电视台最新播出的电视剧供爱好者收看（在这里我们不探讨知识产权问题，仅仅关注传播的时空分离）。在时间上，中国的这些韩剧迷通过网络几乎可以和韩国当地观众一样同步收看最新播出的电视剧，但中国的这些网络观众却是失去位置的。换句话说，他们是无固定场所的收看者，他们可能住在北京或者烟台；而韩国的观众则不同，他们的收看地和电视剧内容发生地之间有密切联系，这是人类的情景对话，所谓触景生情，意义也在于此。

这里，我们可以套用俄国作家托尔斯泰的小说《安娜·卡列尼娜》开篇的名言："幸福的家庭都是相似的，不幸的家庭各有各的不幸。"我们似乎可以说，富人的生活有更多相同之处，而普通人的生活则有更多的差异。当然，我们肯定不能把富人和幸福画等号，因为幸福和金钱之间并没有那么直接的关联。奇怪的是，在中国引进的西方影视剧中，我们常常会发现这样一种情况，就是大片多，描写富人生活的多，为什么会出现这种现象呢？仅仅是因为美国愿意输出其好莱坞生活方式吗？恐怕没有这么简单。为什么英国流行的市井剧《东伦敦人》很难被引进到中国？同样的道理，中国的电视剧《渴望》也很难冲出亚洲。这有可能说明描写普通人的影视剧更需要文化背景和生活环境的认同。而韩剧和日剧在中国的流行并没有打破这个规律，恰恰相反，它从区域文化的角度印证了这个问题。区域文化、本地文化和全球文化构成了我们这个时代的三种空间传播文化。

那么，现实场所和虚拟场所之间究竟有什么差别呢？现实场所是"我在故我在"，而虚拟场所是"我思故我在"。如果把媒介场所也算在内，我们就可以把现有的人类场所划分成三种：现实场所、媒介场所和虚拟场所。媒介场所是"我看故我在"。简单地说，现实场所就是天人合一、时空统一，现场的每个人都是场景的见证人；而媒介场所是一种重组的场所概念，它在某种程度上分离了时空，让现场外的每个人都觉得自己可以通过电视在场，这形成了一种参与性现场，观众的参与方式主要是观看，现场的人因为知道场外的人在关注这个现实场景而更加肯定自己的现场感，从而变成了一个互动的关注场；而虚拟场所是一种想象类型的场所，这个场所在现实中根本不存在，网民很少会像传统媒介受众那样去寻找网站的编辑部，因为游戏规则不同。

当我们越来越多地在网络上读报时，我们等于正在破坏传统的报刊亭和街头以及家庭读报的传播场所；当演播室越来越成为我们的视觉中心时，我们的注意力正在悄悄地从现实场所逐步转向媒介场所，我们在演播室里看到了更多的战争和冲突，媒介场所正在取代现实场所成为我们社会关注的第一场所；当手机短信慢慢代替热线电话成为传播的有力武器时，传播的场所感变得无足轻重；当读报小组和集体收看电视被越来越个人化的电脑取代时，传播的接受场所正在变得越来越狭小，在传播者从个人走向组织的同时，受众也正在从组织走向个人。与此同时，我们也能够看到另外一种情景，就是方言新闻和电视剧的流行，似乎透露出传播向场所的回归。

内　部

内部传播和外部传播的区别/内参/网络口碑

内部传播是相对于外部传播而言的，它可以是在一个组织内部的传播，也可以是相对于外部传播而言的系统内部的传播，因此，我们不能简单地把内部传播视为组织传播。实际上，现在的传播学界有一些人在研究组织传播，但是研究内部传播的并不多。从理论上说，内部传播比组织传播更加广泛。简单地说，内部传播不仅可以发生在一个组织之内，也可以出现在非组织当中，小到一个家庭，大到一个国家，都可以成为内部传播的载体。

有一句话叫作“墙里开花墙外香”，说的就是内部和外部的关系，开花在内部，花香却在外部。在名声的传播中，我们经常发现这样的情况，就是有些人的外部名声大于他们的内部名声。

所谓内部名声，就是局限于一个内部进行传播的名声，只有内部人知道这种名声，是一种熟悉的名声。相对来说，人际传播更接近于内部传播，在人际传播中，口碑是典型的名声标志。而外部名声就是更多在外部进行传播的名声，它是一种远距离的传播。

从分类上说，专业名声就是一种内部名声。在《百家讲坛》节目中，我们能够看到内部名声和外部名声的反差。比如，于丹并不是研究《论语》的专家，但她在《百家讲坛》讲述《论语》之后就成名了。有趣的是，她在学术圈外的名声非常高，可以说她在这个节目上获得的是一种外部名声，而不是内部名声。

获得外部名声是否一定就意味着失去了内部名声？内部名声和外部名声是否是一种置换关系？或者非此即彼，两者不可兼得？从《百家讲坛》的学者来看，他们的外部名声和内部名声并没有发生多么剧烈的冲突，比如，易中天的外部名声如日中天，但这似乎并不影响他原来的内部名声。

内部的概念不仅体现在一个内部的范围，也同样表现为一种内向性，就是一种向内的运动。比如，中国领导人曾经希望用《参考消息》来教育中国的干部，报纸上刊登的都是西方记者报道中国的消息和文章。在改革开放前，老百姓很难看到这份报纸，因为订阅这份报纸是需要一定级别的，这就使得它成为名副其实的内部报纸。“参考”一词在那个时代也代表着内部，之所以叫作参考，就是认为只有一定级别的干部才有辨别好坏的能力。

方言新闻也可以被视为一种内部传播，因为方言是要拉近地方上人们的关系，而不懂得这个方言的人往往就会被拒之门外，掌握这个方言的人就抱成了一个团。这就好像上海人聚在一起时往往喜欢说上海话，旁边听不懂上海话的人就会觉得自己是局外人。

中国有句话叫作内外有别，在宣传上我们也会有对外宣传和对内宣传之分，所谓家丑不可外扬。实际上，即便是在今天，我们的新闻界仍然保持着内参的传统，过去有一些记者是靠写内参出名的，也就是说，他们公开发表的新闻报道还没有他们写的内参有名。这意味着一些高层领导知道这些记者的名字，当然新闻界的同行也知道这些记者的大名。如今内参的传统已经在某种程度上被发扬光大了，过去只有文字的内参，现在有了电视版的内参片。过去的内参只提供给高级干部阅读，现在的内参多种多样，可以给不同级别的人阅读，结果就是内参也能够获得经济效益了，因为内参的订户正在增加。有时候我们会有一种奇怪的感觉，就是一些所谓的内参实际上变成了招摇的噱头，打着内参的旗号，事实上是在吸引眼球。这是因为很多人已经养成了一种看内部的东西的习惯，因为内部的东西意味着是稀缺的资源，只有少数人才能看到。

事实上，在“文革”前后的很长一段时间里，文件传播一直是居于统治地位的一种内部传播形式。所谓文件传播，就是自上而下地发文件，通过文件把上面的政策和精神传达到下面。在新闻媒体不够发达的时候，文件传播就成了最具影响力的传播形态，因为文件是逐级传播的，它和媒体的传播不一样，媒体的传播讲究的是同时性，即在同一时间到达所有接触媒介的人。所以，从这个意义上说，内部传播常常是可控的，而外部传播则是失控的。

20 世纪末，我们能够明显看到报纸逐渐取代文件的过程，这个过程可以看作内部传播开始转向外部传播，大众传播的公开性增强了，传播的神秘感正在逐渐消失。从文件到内参，再到公开刊登，这似乎是一个从内部传播走向外部传播的链条。在“文革”时期，很多记者是愿意写内参的，因为内参的影响非常大，上级领导经常有机会看到内参。不仅很多批评报道是先以内参的形式出现的，实际上，一些表扬的典型报道也经常是先用内参向上反映的。为什么正面的东西也需要先上内参呢？这是因为当时所有记者拿不准的东西都会汇报到上面，等上面确定了，再广泛宣传。这说明内部传播具有一种试验性，先在内部流通，讨论成熟以后再推广到外部。

“文革”以后，我们能够发现一种现象，那就是记者们逐渐地更愿意写公开的报道，而不是内参，这个时候的内参成了一种工作任务，而记者通过公开的报道可以获得很大的行业名声。与此同时，中央文件也越来越多地通过《人民日报》公开刊登，这样一来，农民都可以把《人民日报》贴在自家的墙上，因为他们可以靠这个报纸来维护包产到户的权利。

我们还可以把“文革”时期流行的大字报和小字报归入内部传播的范畴，因为当时的报纸刊登大字报时使用的概念是公开的大字报，而没有被刊登的大字报通常都被贴在每个单位的院子里，大字报的读者更多的是本单位的内部职工，他们和大字报的作者非常熟悉。大字报在批判或者揭发某些人的时候通常是指名道姓的，而这种方式在那个年代的公开报道中是十分少见的，因为如果公开的报刊点了谁的名字，就意味着他很难再翻身了。

曾经在中国流行一时的读报小组其实也是一种内部传播的方式，不仅因为这种读报形式可以扫盲，更加重要的是，在这种读报小组中可以产生传播学意义上的意见领袖，小组成员们可以非常信赖他的二级传播。读报小组组织大家阅读《人民日报》的时候就把学习行为和传播行为结合起来了，我们可以从中看到内部传播具有更明显的强制性。

今天，让我们更加困惑的内部传播发生在网络世界。在网络中，传播更多表现为个人行为，这和人际传播的特征非常相似。不同的是，纯粹的人际传播速度是比较缓慢的，是需要间隔的，正是这种间离效应使得我们容易把谣言和人际传播画等号。目前，网络的传播速度是所有媒介中最快的，这就意味着人际传播具有了大众传播的速度。过去，在人际传播中，形成一种口碑是需要时间积累的，而现在的网络可以在最短的时间里形成“网碑”。网碑不同于口碑，它是虚拟的，不是面对面的。口碑依靠的是口口相传，网络则加快了谣言的传播速度。

网络的一个特点是匿名性，当一些人主张网络实名制的时候，另一些人表示反对，理由是实名制有可能改变网络的匿名性。有意思的是，如果我们从内部传播的角度看，匿名性似乎恰恰不符合内部传播的特性。在内部传播中，传播者和被传播者通常都是内部人，也就是说，他们是彼此熟悉的，这和人际传播有异曲同工之处。而在网络中，网民之间常常是熟悉的陌生人，他们是在一个虚拟的社区里互相熟悉，很少有人贸然在网络中使用真名进行交流，大家已经习惯使用笔名或者假名进行沟通。换句话说，人们在网络中保持的是一种有限度的熟悉，“君子之交淡如水”用来形容网民之间的距离是比较合适的。距离产生美，也产生网络。

外　部

对外传播和对内传播的区别/信息的不对称

这里所谓的“外部”至少包含两个意思，一个是向外的倾向性，另一个是本身就处于外部的位置。举例来说，西方的新闻报道对于中国而言就是外部传播；而中国的对外宣传也是一种外部传播，因为它和对内宣传是明确分开的。不过，外部传播的概念要比对外宣传复杂得多，因为对外宣传是一个非常明确的概念，而外部传播的概念则更加广泛。比如，全国报道对一个地方来说就是外部传播。

我们可以看到外部传播和内部传播的转换，也就是说，在一定条件下，它们是可以互相转换位置的。比如，对于对外宣传来说，全国报道是内部传播，但对于地方来说，全国报道就变成了外部传播。

我们常常说名声在外，指的就是一种外部名声。比如，张艺谋曾经有过一个国际名声大于国内名声的时期，因为他的电影在国际电影节上获奖了，并且他的一些电影在国内被推迟放映，可以说是典型的墙里开花墙外香。有趣的是，外部名声会对内部名声造成压力。比如，当章子怡在美国拍摄电影时，她的外部名声也是大于内部名声的，有人因此把她和孔子联系在一起，这显然指的是她的外部名声价值。

当我们说不同国家之间的信息交流不对等时，我们实际上也是在强调外部传播的影响。比如，我们很多人都认为中国人，尤其是中国年轻人，对美国的了解要远远多于美国人对中国的了解，为什么会出现这种情况呢？一种通俗的解释是，西方国家，特别是美国，掌握了很大一部分国际传播的话语权。许多中国年轻人对美国的各种明星如数家珍，而美国的同龄人却很少知道中国的明星，他们知道的为数不多的中国明星几乎都和外部传播有关，特别是和西方媒介的国际传播有关。

在国际传播中，我们可以看到几种角度：第一种角度是外国的传播，对于中国来说，西方的传播是主要的部分；第二种角度是外国对中国的传播，这种传播常常对中国形成某种压力，因为它是有关中国的传播，只不过是由外国人来做的，我们熟悉的《参考消息》就是这种传播模式；第三种角度是中国的对外宣传，就是中国把自己的东西向外宣传；第四种角度是中国对外国的新闻报道，比如《环球时报》就代表了这种方式，它主要针对的是中国受众，是把西方的东西介绍给中国。

在网络出现以前，人类的所有传播媒介都是单面的，也就是说，它们或者属于内部传播，或者属于外部传播。而网络是双面的，它兼有内部传播和外部传播的特点。比如，在我们过去的概念中，日记是典型的内部传播，它是写给传播者自己的，是一种自我传播，或者说自省式传播。但是，当日记被放在网络上时，它就忽然变成了博客，成为一种可内可外的传播形态。

在网络中，一方面，现实生活中的公领域和私领域的边界好像突然消失了，很多人在疯狂地展示隐私；另一方面，人肉搜索又让那些只能在私传播中出现的个人信息突然被张扬出来。

网络使很多人成为熟悉的陌生人。在现实世界里，我们很多人努力做到的是让熟悉的东西陌生化，而在网络世界里，这一点好像轻而易举就做到了。在现实世界中，我们几乎无法崇拜一个虚拟的名字，我们必须知道他是谁，虽然他的名声在很大程度上是被媒体建立的，但是，这毕竟是现实化的虚拟，而不是虚拟的现实。但在网络世界里，我们会发现，许多人可以一反常态去追逐虚拟的名声。比如，芙蓉姐姐在网络上突然走红，我们很多人似乎都不需要知道她究竟是谁，只需要知道她的代码就可以了。这种虚拟世界的名声看上去就好像是和现实世界名声的对抗。

人　物

人物名声和事件名声的区别/正面人物和负面人物的名声差异/榜样的力量/典型人物/改革家

在这个世界上可以说只有人需要名声，名山大川虽然令人神往，但它们的名声都是人类赋予的，也就是说，它们的名声都是被动的，只有人类的名声是主动的。

在新闻报道中，我们常常可以看到三种名声：第一种是正面的名声，也就是好的名声；第二种是负面的名声，也就是坏的名声；第三种是中性的名声，不好不坏。如果按照黑白分明的逻辑，我们是很难理解第三种名声的。比如，对于正面的名声，很多人会说它是有益无害的，应该大张旗鼓地宣传、不遗余力地报道；而对于负面的名声，许多人可能会说它是有害无益的，应该把它批倒批臭，让它遗臭万年。可是，我们究竟应该如何看待第三种名声呢？社会上是否存在中性的、无益也无害的名声呢？

对于经常接受新闻宣传的读者来说，他们最熟悉的应该是第一种名声，也就是正面的名声，因为我们的社会强调以正面宣传为主。比如，媒介上大力报道的许多先进典型人物都是被当作英雄推出的，他们是我们学习的榜样。雷锋就是一个突出的例子，在毛主席为雷锋同志题词以后，几乎每一个中国人都知道了雷锋的名字。

不过，如果我们注意一下新中国先进典型人物的报道史，就会发现现在的典型人物的名声已经没有过去那么响亮了。值得关注的原因是，名声和榜样之间开始有了距离。具体说来，就是媒体希望通过新闻报道让那些先进典型成为家喻户晓的人物，但是，当社会不再压制成名的愿望时，我们就会慢慢发现社会上不再只有一种榜样。

问题是，名人就一定能够成为榜样吗？反过来说，榜样是否只有成为名人才更有意义呢？

实际上，我们今天已经有了丰富的成名机制，名人和榜样已经不一定合二为一了，甚至在某种程度上它们已经分道扬镳了。榜样已经不是当年的名人，同样的道理，名人也已经不是当年的榜样。让名人和榜样合为一体，这显然是人们在特殊时期产生的想法，因为名声并不是只有一种。曾经有一段时间，名声表现出强烈的被动色彩，似乎是名人自己无法控制的，名声变成了一种被赋予或者被赐予的礼物。因此，我们在过去的典型人物报道中很容易看到，被宣传的人物经常是高大全的，十全十美，没有缺点，甚至不食人间烟火。而现在的明星偶像则不同，他们虽然也会为粉丝改变自己，但总的来说，他们对自己的名声是可控的。

以中国电影中的反面人物为例，过去，形象不好的演员就没有机会演正面人物，因为正面人物需要堂堂正正的光辉形象；而现在，一批形象特别的演员都赶上了好时候，纷纷出演主角。这就等于把形象和名声做了某种分离，过去强调的是好人就会有好形象，因为形象也和名声有关；而现在，名声和榜样以及形象之间都可以是有距离的。

当我们分析中性名声时，问题就比较麻烦了，因为名声的观念是比较主观的，所以，很多人会认为名声只有好坏之分，怎么会有不好不坏的名声呢？不过，事实上就存在这样的可能性，比如，我们通常的逻辑是对有益无害的东西要大力宣传，而对有害无益的东西要极力阻止，那么，对于无害也无益的东西怎么办呢？过去，一些人认为某些没有积极意义的娱乐节目就属于无益无害的东西。实际上，2009 年初大红大紫的小沈阳也给我们提出了这个问题，有人质疑小沈阳的节目，觉得他的节目属于低级趣味，没有什么文化意义，但许多老百姓又很喜欢，那么，究竟应该如何看待这个问题就值得探讨了。

第七章　名声的规律

离你越远的人越需要通过名声来了解你

传播的距离/名声和距离的关系/时间生活方式和空间生活方式的区别/新闻报道的三角形关联

在新闻报道中，我们常常可以发现一种规律，即媒体大力宣扬的人物往往更容易被距离遥远的人接受。换句话说，就是距离被报道对象越远的大众通常越需要通过大众传播来认识远方的被报道对象；而距离被报道对象越近的人常常越不容易相信媒体的宣传，因为这部分人往往选择依靠口碑传播来了解身边的人。

过去，我们会把这种现象归结于媒体宣传的偏差，也就是说，我们认为是新闻记者的报道有问题，把先进人物描绘成了不食人间烟火的人，因此导致了读者的不信任。今天看，这恐怕只是原因之一。从名声传播的角度看，距离越远，名声可能越大。这听上去不可思议，实际上却恰恰体现了大众传播的威力。在口碑传播时代，人们的名声都是通过口碑传播的，因此，名声的远距离传播是非常困难的。在这种远程传播中，通常需要夹杂神话和夸张，谣言也是难以避免的，那个时候的名人以神话人物居多。

在大众传播时代，距离不再成为问题，名声和距离之间构成了一些微妙的反向关系。当我们说大众传播是用时间消灭空间时，意味着大众传播在相当程度上消灭了人类的距离感。对于人类来说，距离意味着人类之间的差异，意味着个体的独立。而现在当我们欢呼地球村的到来时，我们可能忽视了一点，就是我们正在用时间文化挤压空间文化，我们生产了大量的时间标志物，但我们很难设想现在还能够使用什么东西来代表空间。

对于我们来说，今天的时间是什么？在20世纪末，中国人曾经有一句响亮的口号："时间就是金钱。"除此之外，时间对中国人来说，还是统一的概念，因为我们有"北京时间"。对比而言，空间成了落后的标志，成了怀旧的代名词，成了静止的产物，成了阻碍时间发展的绊脚石。如今所有的进步似乎都在暗示时间的胜利，因为它们是以打破空间为条件的。

于是，我们好像产生了两种生活方式，一种是时间生活方式，另一种是空间生活方式。在时间生活方式中，我们强调的是快生活、快餐文化，追求时尚，讲究变化，喜欢大都市，留恋夜生活，崇拜一夜成名，注重消费，不相信永恒，只相信现在，因为时间有压迫感；而在空间生活方式中，我们强调慢生活、复古怀旧，不赶时髦，回归乡土，远离城市的喧嚣，注重环保，尊敬历史，喜欢有质量的名声。

今天的名声传播几乎不会遇到什么时间的抵抗，因为大众传播是追求同一时间的传播，讲究同时到达，在时间面前人人平等。而空间就不同了，空间会给名声传播制造一些麻烦，比如，人们在近距离接触的时候似乎更愿意相信口碑传播，也就是说，人际传播适合近距离作战。不论是在超级市场购物，还是判断媒体对身边人物的报道，人们都宁可相信口碑。这并不是说人际传播和大众传播是对立的，事实上，它们两者也有统一的时候，比如，当两者的观点一致时，或者当大众传播出现空白和哑语时，人际传播就会迅速填补这个空白。这种情况在网络上可以看得很清楚，我们常常觉得网络是和传统媒体唱对台戏的，凡是传统媒体拥护的东西，似乎网络都要反对，反之亦然。可是，当传统媒体不便出面时，或者传统媒体出现弱项时，网络都会及时跟上。

我们平时都明白一个道理，如果我们的家庭出了一个名人，我们通常的反应是比较平静的，因为我们会觉得他就是一个普通人，只不过被媒体宣传成了一个名人。但是，对于外人就不同了，距离越远的人就越不了解这个人，他们了解的只是媒体上报道的那些东西。而我们这些他身边的人常常了解更多不为人知的事情，也就是说，我们了解更多他普通的一面。比如，一个新闻报道往往涉及三方——报道者、被报道者和读者，三者形成了一个三角形关系，通常，距离被报道者越远的读者越愿意相信报道；反过来说，离被报道者越近的人越难以相信报道。如果说这三者关系构成了一个等边三角形，那就意味着报道者唯一不能控制的边线就是读者通往被报道者的线路。因此，对报道者来说，最有利的做法就是尽量压扁这个三角形，使得三者之间的关系不对等，最好是能够压成一条直线，报道者正好位于这条直线的中间，也就是说，被报道者和读者的来往都要通过报道者这个中点，但这很难做到。一般情况下，能够最大限度形成一个钝角三角形对报道者而言就很不错了，这样就无形中拉远了读者和被报道者的距离，而报道者和其他两者依然是同等距离，这属于可控的距离。

还有一个说法，就是一个人做坏事后往往要远走他乡，离家乡越远越好，因为这样就会远离他的亲友和熟人，也许可以在一定程度上减轻他的负疚感和心理压力。反过来说，一个人做好事后常常愿意离熟人近一些，所谓光宗耀祖和衣锦还乡。为什么会有这种情况呢？从距离上说，熟人传播信息的价值要高于陌生人，网络证实了这一点，在网上发消息通常像石沉大海，因为陌生人对信息的传播热情要远远低于熟人。这也可以解释为什么许多人在网上经常表现得肆无忌惮，而在现实生活中他们更可能是规规矩矩的。互联网变成了一个绝佳的表演场所，充满了陌生的观众。

墙里开花墙外香

名声与符号的关系/外部名声对内部名声的压力

20 世纪 80 年代，中国没有多少人知道张艺谋和第五代电影导演，但与此同时，他们的电影频频在国外的电影节上获奖，他们在海外声名鹊起，这让很多中国人感到意外。因为按照朴素的理解，中国人的名声应该是中国人先知道，或者说中国人的名声应该先在中国叫响，怎么会让外国人占先呢？当时一些国人指责“张艺谋们”是拿中国的丑陋部分给外国人看，毕竟中国人的传统文化中有很强的内外有别意识，所谓家丑不可外扬，外扬的意思就是指内部有人对外张扬，这是大忌。

不过，单纯从名声的角度看，以张艺谋为代表的中国第五代电影导演确实开发出了一条成功的曲线成名路，即由外而内。传统的路子是由内而外、由表及里、由浅入深、深入浅出。而“张艺谋们”是反其道而行之，国内不让播，就先拿到国外的电影节上争取获奖，获奖以后就有了海外名声，可以吸引投资。这就带来了一个矛盾，一方面，在内外有别的观念中，我们有一定的排外倾向；但另一方面，从近代开始，我们又有浓厚的崇洋媚外情结。因此，在改革开放大潮中，中国人对海外名声是心存矛盾的。在电影界乃至文艺界就有过一场讨论，即中国的电影是否需要像中国的体育那样提倡冲出亚洲走向世界？虽然这场讨论只局限于文艺界内部，但是它仍然反映了中国人在对外开放问题上的困惑。

为什么会有这种名声在外的现象呢？原因肯定不止一个。最明显的一个原因是，内部的封闭造成了外部的循环。大到一个国家，小到一个组织，当它们出现内部封闭的状态时，原本应该在内部产生的名声就有可能被排挤到外部。

还有一个容易被人们忽视的原因是，名声确实有内部和外部之分，外部名声通常是针对陌生人的，也就是说，越陌生的群体越有可能成为外部名声的接受者。这话听上去似乎有点费解，举例来说，张艺谋当时导演的电影《红高粱》在海外获得了巨大的成功，可是，他的一些电影当时在国内还没有被允许播出，也就是说，张艺谋的电影拍的虽然是中国的事情，但很多中国人都没有看到，倒是许多外国人对他的电影津津乐道，看上去正是这种反差直接影响了张艺谋的外部名声。因此，我们可以说这是跨文化传播的成功案例，也可以说是外部名声压倒了内部名声。

从理论上看，我们不能说外部名声高于内部名声，因为它们两者似乎构成了一个名声的循环系统。如果我们把网络名声视为一个社会的外部名声，那么，传统媒体的名声就成了内部名声；如果我们以国家为单位，那么，国内的名声就是内部名声，而国外的名声就是外部名声；如果我们以行业为标准，那么，专业名声就是内部名声，而社会名声就是外部名声。由此看，于丹和易中天就有两个名声：专业名声和社会名声。《百家讲坛》节目建立了他们的社会名声，但他们的外部名声看起来并没有提高他们的内部名声，也就是行业内的名声。可见，对于一个学者或者专业人士来说，社会名声或者说外部名声的提高并不一定能同时提升他们的内部名声，也就是专业名声，有时候甚至会适得其反。因为专业名声和社会名声的衡量标准是不同的，专业名声是在专业人员中建立的，评判的人员也是专业同仁；而社会名声在很大程度上是依靠媒体建立的，它的接受对象是老百姓。

我们再来看张艺谋的例子，张艺谋的电影在海外获得了很多奖项，成了国外电影奖的获奖专业户，可以说在一定程度上提升了中国电影的海外知名度，也带动了一批和他一样有才华的年轻的中国电影导演闯世界，比如贾樟柯，由于他们的共同努力，使得中国电影成为海外中国研究的一个有成就的热点。

历史仿佛走了一个螺旋。“文革”还没有结束时，意大利著名电影导演安东尼奥尼被允许来中国拍摄电影，结果他拍的电影被很多中国人说成了给中国抹黑，意思是他净挑选中国不好的地方拍摄。多年以后，令人没有想到的是，中国导演张艺谋也被扣上了这顶帽子。比较起来，似乎中国人扬自己的家丑更让国人受不了，因为在很多中国人看来，外国人毕竟不了解中国，不知者不怪，而中国人就不同了，他们这样做就好像是在杀回马枪。在中国，杀回马枪的大师是鲁迅先生，后来又杀出一个柏杨，他写的《丑陋的中国人》一书让很多中国人一时难以接受。

如今的张艺谋不仅在海外知名度非常高，在国内也是符号级的人物，从2008 年北京奥运会开幕式到庆祝中华人民共和国成立 70 周年联欢活动，从西方歌剧到中国的山水实景印象，都有他的名字。有意思的是，他的外部名声在很大程度上推动了他的内部名声，可以说他是先有了国际知名度，然后才被国人普遍了解的。这种出名顺序看上去不合规矩，但它真实地反映了名声的逻辑。过去有我们最熟悉的“农村包围城市”，而在名声领域，经常也存在着外部包围内部，或者更加确切地说，是外部名声挤压内部名声，给内部名声带来了压力。

批评比表扬更能让人出名

热名声和冷名声的区别/指名道姓

这是一个多少有点令人匪夷所思的定律，我们通常会认为，表扬一个人就会让他出名，而批评一个人就等于把他打入了冷宫。可实际情况经常是相反的，最典型的例子就是我们的先进典型人物宣传，有时候我们越是把英雄模范说得天花乱坠，效果越适得其反，很多人会觉得这些典型人物好像都不是正常人，不食人间烟火。反过来看，一些人被点名批评以后，反而获得了更多的关注，出了名。在电影和电视剧中也有这种现象，有时一些反面人物比正面人物给观众的印象更深。这也许间接导致了王朔作品的流行，以及葛优这样的演员的走红。因此，如今大部分的名声操盘手都知道这个道理：如果想让一个人出名，就要去批评他。

经历过“文革”的人都知道，当时如果被报刊点名批评的话，你的人生就会跌入谷底，似乎只有表扬才会让一个人出名。但是，仔细分析我们就会发现，那个时代可以说是一个十分特殊的名声时期，名声基本上是被规定好的，我们可以称之为被规定的名声时代。

所有特殊的时代都给了我们一种特殊的角度来观察名声，“文革”也不例外。在那个时代，新生儿的重名率是非常高的，也就是说，名字只是一个革命的符号，不希望标新立异，也反对“封资修”的起名传统，更不会考虑什么风水。套用一句古语：“名不正则言不顺。”如果连你的名字都不革命，那么就谈不上其他问题了。

对于名声来说，背诵无疑是一种出色的传播方式。对于在“文革”中成长的一代来说，从张思德到白求恩，再到雷锋，他们的名声都包含着大量的文字背诵。背诵实际上就是一种重复，只不过它是有内容的重复。

事实上，一直到今天，重复或者反复仍然是树立名声的有效方式，最突出的例子是广告，每天周而复始的广告让我们心烦意乱，总有人呼吁减少广告，不过广告依然有增无减。广告让我们不得不记住了一些商品的名字，可以说这是一种被动记忆，我们无处可逃。特别滑稽的是，一些广告商甚至利用了这种广告心理，每天铺天盖地地宣传，用无聊的重复来折磨电视观众，反复就是那么几句话，即便你对他们的广告词已经熟悉得不能再熟悉了，他们仍然坚持不改变，这是残酷的广告商。

电视剧也是依赖重复来和观众建立亲密感的。电影是一次性播出，所以需要集中展现魅力，必须在短时间内吸引人；而电视剧就不同了，属于细水长流，每天和你准时约会。对于电视观众来说，电视剧演员的名声肯定是大于电影演员的，这就是重复的力量。如果说电视剧演员的名声是小家碧玉，是一种热名声，富有亲近感，属于邻居家的名声，那么电影演员的名声就是大家闺秀，是一种冷名声，拒人于千里之外，有权威感。我们如今已经看不到只有一集的电视剧了，甚至只有几集的电视剧也很少能够看到了，流行的电视剧通常在 30 集以上。当然，各国的文化不同，电视剧的长度也略微不同，韩国的电视剧一般就比中国的电视剧长，集数多，节奏慢；美国的电视剧则流行按季播出。无论如何，我们对电视剧的长期忍受力也是有限度的，比如，上百集的电视剧就会考验我们的心理极限，这说明我们是有心理周期的，而这种周期会影响到我们接受别人的名声。

“文革”以后，中国逐渐走向了一个开放的社会，虽然我们还没有完全从表扬型社会脱胎出来，但批评已经开始取代大批判成为一种中性的表达方式了，正是在这种情况下，批评才脱胎换骨成为一种衡量名声的标准，在某种程度上，我们甚至可以说如今的中国社会已经成了批评型社会。如果今天你出了一本书，没有人批评你，或者更加精确地说，没有人骂你，只有人表扬你，那么在某种程度上你就算失败了。在现实生活和电视剧中，我们都能够看到这种流行术语：如果你表扬了一个人，他会说你在骂他；反过来，如果你真的骂了一个人，他似乎倒是求之不得。这就是批评的力量。

第八章　成名的途径

家族：一条捷径

英国王室和小报的关系/名声的沉默

出名最容易的途径恐怕就是依靠家族了。出生在一个有名望的家族本身就意味着你已经得到了一种与生俱来的名声。一个典型的例子是美国的肯尼迪家族，这个家族有从政的传统，生长在这个家族的孩子似乎从一出生就背负着政治的期望，这是遗传的政治名声。但是，家族的名声往往只能分享，很难超越。名人的孩子在名声上常常难以超越前辈。比如，鲁迅的后代几乎不可能超越鲁迅的名声，他们会长久地生活在鲁迅的名声光环中。

实际上，在中文里，“家族”和“家庭”的概念还是有很大不同的，家族比家庭的范围要大。通常我们说到家庭时，都会联想到它是社会组织的最小单位，可以说家庭是社会的组织细胞，在人丁兴旺的时代，大家庭是非常普遍的。而今天的家庭规模越来越小，三口之家几乎成了新时代的家庭人口模式。如果说大家庭还和我们所谓的家族有相近之处，那么现在的小家庭已经和传统的家族概念相去甚远了。过去，我们习惯于说名门望族，现在，这种概念似乎已经成为某种历史。

从某种意义上说，皇室是世界上名声最显赫的家族，这一点在今天的英国依然体现得很明显。皇室的新闻是小报取之不尽的宝贵矿藏，可以说英国的皇室养活了许多小报，反过来说，英国的小报也在维持着这个帝国皇室的名声。英国皇室新闻成了小报的生存稻草。

在“文革”时期，名声被视为“封资修”的产物，谁的名声越大，往往就被批判得越厉害。家族成为首当其冲的批判对象，互相揭发、众叛亲离式的划清界限颠覆了中国人的家族观念。如今，我们能够看到中国人的家族观念在复兴，但毕竟有断代的挫折，伤口需要慢慢愈合。

文艺：最快捷的渠道

名声的周期/一夜成名

文艺行业可以说是名人最多的行业，看看每年高校艺术类专业招生的热潮就可以知道这个行业多么吸引青年人。

按照传统的观点，成名似乎是一个漫长的过程，不应该一蹴而就，而应该历经艰苦的奋斗。然而现在的成名速度变得越来越快，这是否会影响名声的质量呢？过去是各领风骚数百年，现在恐怕几十年都困难了。名声的淘汰周期正在加快，数风流人物，还看今朝。这样看来，并非存在名声认识上的代沟，更准确地说，是名声的数量和质量产生了冲突。

一句话，我们应该怎样看待名声？名声究竟是永恒的还是随风而去的？一夜成名的名声算不算真正的名声？套用一句如今流行的时髦语言：“不求天长地久，只求曾经拥有。”这究竟是一种什么矛盾呢？我们不妨把永恒的名声视为穿越历史的名声，是人类名声的纵向轴；而一夜成名可以说是人类现实名声的极端表现形式，也就是人类名声的横向轴。我们人类的名声就是在这两个轴线上运行的，有时可以纵横于天地间，有时也会失去平衡。

著作：传统的方式

著作等身/书籍的收藏价值

虽然书籍几乎从来没有被学术界纳入传播媒体的行列，但是，这不妨碍著书立说一直源源不断地给我们带来名声。著作等身一直是一种美誉。即便是在中国的学术界，仍然有很多人认为写书是一种出名的捷径，在他们看来，论文需要观点，而书籍倒是未必，所以比较起来，论文写作的难度似乎更大。

像中国这样历史悠久的国家，人们对于书籍的崇拜由来已久，能够写书本身就是一种荣誉。虽然今天畅销书的概念已经沉重打击了古老的书籍出版业，虽然不断有王朔这样的写书者颠覆书籍的神圣性，但我们依然可以看到，书籍在大众的心目中仍然披着一层神秘的面纱。最典型的是在政治名声的传播中，领袖著作的出版常常具有不可替代的深度确认功能。比如，在毛泽东时代，“毛选”的出版就意味着对毛泽东政治名声的确立，而对于中国当时的老百姓而言，这些“红宝书”是供人们膜拜的。

在所有的传播媒介中，书籍的收藏价值是最大的。正因为如此，书籍的名声传播更多呈现出纵向的功能，也就是历史的功能，所谓流芳百世。

电视：形象的媒体

上电视/形象的记忆/名声的生产和消费/名声的识别/名声的想象

今天，几乎所有人都知道，上了媒体就意味着出名了。媒体是我们判断名声的一个最常见的社会指标，被媒体报道的次数越多，名声就会越大。

笼统地说，媒体主要做两件事：一是报道名声，二是制造名声。在媒体产生之前，人类社会的名声主要是依靠口碑来传播的，也就是通过人际传播扩大影响，这样做的结果就是名声的传播难以稳定，属于差异化传播，人云亦云，道听途说，准确性差。为了把名声传播得更久远，人们不得不依赖神话和谎言，因为只有夸大和离奇才能保持面对面传播的动力。

而在大众传播时代，名声的传播是标准化的生产线，讲究同时到达率，也就是说大家在同一时间看到同一件事，结果名声就成了可以批量生产的产品，名声的制造也就有了共同的模式。如果说名声在人际传播时代还是稀缺品，那么到了大众传播时代，就成了过剩资源了。

可以说，媒体的出现改变了人类社会的名声生产模式，过去是酒香不怕巷子深，现在是墙里开花墙外香；过去是人怕出名猪怕壮，枪打出头鸟，现在是名利双收，争名夺利。

这个时候，名声的重点开始从生产转向消费，名声成为我们社会最流行的消费符号，我们喜欢穿名牌服装，喜欢购买广告上经常展示的商品，喜欢打听名人的隐私。于是，生产开始向消费倾斜，社会需要什么名声，就会有人生产什么名声。名声成了定制品，可以批量生产，也可以批发销售，而媒体就是这种名声消费的最重要的轴心，如果没有媒体，我们很难想象社会的名声消费体系怎么有效运转。

我们人类更加习惯于形象记忆，这应该部分归功于电视。通常，形象记忆更加直观，而文字记忆则显得比较间接。过去，我们比较习惯说一本书主义，也就是一个人因为写了一本书而出名。但今天我们更容易发现一部片主义，也就是一个演员因为主演了一部电视剧或者电影而名声大振。

实际上，在广播界也发生着类似的事情，许多广播节目主持人的名字对众多听众来说都如雷贯耳，但他们的名声更多来源于声音，因此，当一些广播主持人出席听众见面会时，一些听众会有一种怅然若失的感觉。因为这些广播主持人的形象和听众心目中的主持人形象有很大的差距，可以说声音给了人们很多的想象。在这里，我们甚至很难区别文字、声音和形象哪一个能够给受众更多的想象，在文字上，中国画有留白的说法，所谓“不著一字，尽得风流”。甚至中国还有文史不分家的传统，体现在艺术上，就是书画不分家，字如画，画如字，形象和文字在这个时候好像是水乳交融。因此，中国画是讲究写意的，言简意赅，浓妆淡抹总相宜。

由此产生了一个问题，就是名声和识别程度之间是什么关系？名声的家喻户晓是否就一定意味着被每个人认识？毛主席是一个典型，当年毛主席可以说是一个深居简出的领导人，他很少出国访问，也很少在新闻中露面，普通人更多是在中央新闻电影制片厂拍摄的新闻简报中看到他的雄姿，但他的名声几乎生长在中国人的心里。一个有趣的社会细节是，当时几乎每个中国人都拥有一枚以上的毛主席纪念章，这种纪念章并不贵，不同于今天的许多纪念收藏产品，它代表的更多是当时中国社会的政治认知。当时的中国，很少有人可以看到电视，更不用说电视新闻了，因此，普通人对毛主席的认识主要来自文字和广播。

中国肯定不是第一个制造这种纪念章的国家，但是，像“文革”时期那样大规模地发行国家领导人纪念章的行为在当今世界上并不多见。可以说这是中国历史上一次极为成功的形象传播，当时绝大部分中国人都没有亲眼见过毛主席，但是他们每个人都知道毛主席的形象，这在一定程度上归功于毛主席纪念章的发行。这种极其实用的形象识别系统有力地推动了政治名声的传播。

纪念章是一种比较抽象的表现方式，比如，毛主席纪念章就具有浓厚的象征色彩，上面的影像不一定取自某一个照片，而有可能是多个照片的综合，看上去介乎影像和绘画之间，更像是雕塑，注重轮廓和气质。事实上，这种形象在某种程度上并不是为了和真人做比照，而是为了传播领袖的事迹。

在这个意义上，我们就有了两种名声：一种是有形象的名声，另一种是没有形象的名声。可以说在人际传播时代，人类的名声大部分是没有形象的名声，也就是说，名声和形象基本上是分离的，很多中国人都知道秦始皇的名字，但是没有人知道他的样子。

在形象和名声的对应关系上，有以下几种可能性：

第一种，名声大于形象。从逻辑上说，我们有时候不喜欢展示形象，因为有了具体的形象，人们就很容易把形象和名声对号入座。我们很多人都有这样的体会，就是当我们到了向往已久的风景名胜时，常常会感觉失望，因为那里的名声和我们实际看到的景象差别很大——期望越高，失望越大。

第二种，形象大于名声。这个时候通常的做法就是要不断地显示形象，依靠形象提高名声。最明显的例子就是广告模特，他们的名声在很大程度上依赖他们的形象。在名声和形象之间，无疑是形象给了我们更多的想象空间。换句话说，名声的形象比起形象的名声对于我们来说显然更加富于想象空间。

第三种，名声和形象旗鼓相当。学术名声，或者说专业名声基本上属于这种类型。这也可能是《百家讲坛》节目邀请学者来讲述的原因。

我们可能感到困惑的是，名声等于形象是否就是最理想的状态呢？可以肯定的是，在大众传播时代，形象变得越来越重要，它对名声的影响也越来越大。如果说在人际传播时代，我们更多看到的是名声大于形象，那么在大众传播时代，我们更多看到的就是形象大于名声。会发生这种变化的一个很重要的原因恐怕就是我们今天的传播越来越视觉化。在肯尼迪和尼克松的美国总统大选电视辩论以后，很多学者都认为电视在一定程度上帮助肯尼迪登上了总统的宝座，如果是在广播时代，或者是在纯粹的报刊时代，那么鹿死谁手就很难说了。

网络：虚拟的方式

粉丝的游走路线/网络对粉丝的影响

网络出现以后，我们人类又多了一种出名的途径，就是虚拟的方式。比如芙蓉姐姐和天仙妹妹，她们出名的速度是非常快的，甚至我们可以说网络是目前为止成名最快的途径。不同的是，很多人对网络名声的看法是比较负面的，甚至有一段时间电视台的主持人都不愿意参加网络上的最佳主持人评选，似乎网络上的东西多是不被官方认可的，是另类的草根，所以很多人对网络上获得的名声不抱多少好感。

我们还可以看到，网络名声常常是需要传统媒体给予确认的，换句话说，如果没有旧媒体的肯定，那么新媒体上的名声经常就是自生自灭的，产生的速度快，消失的速度也快。反过来说，传统媒体上产生的名声通常是不需要网络给予确认的，网络常常只是加剧了这种名声的传播。

网络世界和现实世界就好像隔着一堵墙，从现实世界躲进网络世界似乎更容易一些，因为人们在现实世界里是没有面具的，而在网络世界里可以给自己戴上面具。在这个意义上，我们可以说网络世界是一场不留真实姓名的假面舞会。而相对来说，从网络世界走到现实世界好像就更难一些。

网络出名的一个机制是推手，即在网上制造网络红人的人，他们甚至事先和被捧的对象签订协议，一旦这些普通人在网上出名，他们就可以按照协议分享经济报酬，因为这些网络红人有可能会得到经济资助或者演出机会。网络红人的一个特点是一夜成名，基本上都是以速度取胜，因为网络是眼球经济，眨眼的工夫人就成名了。但是，网络的成名速度也有弊端。

发明博客的人恐怕很难想到博客能够成为一种成名的捷径，至少在中国是如此。在现实生活中，我们很难看到有人依靠写日记出名，因为日记是个人隐私，通常是不给别人看的。而博客作为网络上的日记已经悄悄改变了日记的性质，博客不再是写给自己的，而至少是写给一个熟悉的圈子的。新浪推出的名人博客更是把博客和名声紧密联系起来了，因为在博客发展的初级阶段，它被认为是草根化的东西，也就是说它反映了网络和普通人之间的关系。而经过网络的炒作，博客的点击率成了一种名声的衡量指标，越来越多的名人一度依靠博客保持他们的名声，而许多普通人的博客也被引入出名的轨道，尤其是博客和商业广告结合在一起的时候就更是如此。

在博客的成名案例中，我们发现写博客的人常常通过晒的方式来引起读者的重视。写日记本来是人类最隐私的事情，现在却变成了晒隐私的行为。在博客的写作中，公领域和私领域的界限正在被模糊化，自我变成了无我和忘我，真实和表演混为一谈，秀的概念变得越来越时髦，越是言行大胆的博客就越容易吸引眼球。

博客之后最红火的应该是微博了，它在全中国范围内掀起了一股社交浪潮。因为中国的新浪微博基本上是以名人为导向的，换言之，新浪是用名人来吸引普通人玩微博的，这种名人策略在中国是非常成功的。

让我们来看看微博粉丝的游走路线，粉丝就好像是鱼，大鱼带着小鱼游走，大鱼就是超级粉丝，谁的超级粉丝越多，谁的影响力就可能越大。这和现实中的粉丝是不同的，现实中的粉丝是人人平等的，而微博中的大粉丝则好像是传播学中所说的意见领袖。在这个意义上说，微博属于多级多层的分众传播。

今天多数热闹的微博争论都和粉丝有关，换言之，它们是带粉丝的争论。比如说韩寒和方舟子的笔仗，双方都有大量粉丝，只不过两个人的粉丝类型不同。现在，假如你的话题和粉丝无关，通常会反响平平。也就是说，粉丝是带着争论的，这也是名人言论受关注的原因之一。粉丝不是沉默不语的大多数。

与传统媒体相比，微博似乎提供了更多的从众便利性，比如，通过加粉丝的方式，你好像就在跟随一个名人。与现实中的从众不同，微博可以快速停止这种从众，取消粉丝关注。另外，现实中的从众常常是大规模的，而微博中的从众更倾向于小规模。也许我们可以在这里把从众分为两种，一种是从人不从事，另一种是从事不从人。

有了微博以后，也许我们可以这样来看一些中国名人的标志：

第一个标志是，在微博里几乎不关注别人，但是粉丝却多得惊人。两者反差越大，名气越大。

第二个标志是，有一大批忠实的粉丝，受到批评时，粉丝会群情激愤。

第三个标志是，有一帮名人朋友。

新闻炒作：人为的塑造

自然名声与人造名声的区别/功夫在诗外

“新闻”曾经是一个非常严肃的词语，但是今天它很容易和炒作联系在一起。在中文的概念里，“炒作”这个词语是比较时髦的，有明显的南方语言色彩。在市场经济的大潮中，我们能够看到南方语言对北方语言的影响。

新闻和名声有类似的命运。如果说名声有自然名声和人造名声之分，那么同样的说法也可以用在新闻身上。所谓自然名声，就是这种名声比较接近天然，不是人为制造的。举个例子，一个演员演了一部非常好的电影，获得了一定的自然名声；而另外一个演员并非靠作品说话，而是通过经纪人的商业策划，靠台下功夫取得了一定的名声，我们就可以称之为人造名声。

事实上，今天许多人越来越倾向于打破这两者的界限，也就是说，人造名声和自然名声好像已经越来越难以区分了。功夫在诗外，演员的人造名声可以吸引人们看他的电视剧，而他的自然名声又给新闻炒作提供了更多的素材。因此，我们看到绯闻的炒作已经成为娱乐圈的常识，如果按照经典的新闻定义来衡量，那么绝大部分的娱乐新闻都不是新闻。

通过新闻炒作来提高知名度，这在新闻界已经不是什么秘密。有的企业会把应该投放在广告上的钱投入新闻炒作，因为有偿新闻比广告费便宜，且宣传效果更好。一些演员也会利用花边新闻维持自己的名声。细心的电视观众会发现，如果某个名人最近频繁出现在不同的电视节目中，那他很有可能是在推销他的书或者新电视剧。

广告：重复的记忆

重复的传播/广告真实和新闻真实的区别

广告本身就是一种名声传播。所谓名声传播，就是这种传播是围绕名声进行的，传播的目的之一就是树立并且扩大名声。过去是酒香不怕巷子深，现在是墙里开花墙外香，在一定程度上区别就在于广告。广告让人们知道了过去不知道的事情，也让人们重新想起了已经忘记的事情。

广告中存在着一个有趣的现象，就是大量的广告形象家喻户晓，但是扮演这些形象的广告演员却常常不为人知。为什么会出现这种反差呢？有一种说法是，广告需要人们记住广告中的商品，而不是演员。意思就是如果人们看完广告，只记住了广告演员，这个广告就失败了，因为演员喧宾夺主了。广告的目的是推广商品，而不是推出演员。所以，我们可以理解广告一般不标出演员的名字，少数已经出名的演员除外。

因此，我们可以把广告演员分为两种，一种是无名的，另一种是有名的。

广告主选择前者是看中他们的形象，而不是他们的名声；选择后者则目的相反，看中的是他们的名声，希望能够依靠他们的名声来推广商品。实际上，我们经常看到的是名人做广告，而很少看到无名人士通过扮演广告中的角色出名，并且最后依靠广告中的角色扮演进入演艺界。

这么看来，广告是少有的让形象和名声分离的媒介产品，也就是说，做广告的演员并非名声越大越好。这恐怕不仅仅是从广告制作成本上的考虑，因为很多名人做的广告搞不好就容易让我们忽略广告的内容，这也就是名人广告的问题之一。而无名演员做广告的好处似乎正在于此，不仅价格便宜，更加重要的是观众会记住他们的形象，但可能一直都不知道这些演员的名字，可谓一举两得，是名副其实的价廉物美。

当然，这可能反映出另外一个问题，即广告主要是推广事物，而不是人物。在大量的时间里，我们看到的广告都是推销商品的，演员只是广告语言中的一个形象符号。甚至我们经常能够看到一些普通人出现在广告中，他们可能根本就不懂得表演，广告制作者只是在使用他们的形象。换句话说，广告需要的演员表演才能并不必突出，因为广告需要让接受者相信广告中的宣传是真实的。广告的目的不是让观众记住广告演员的表演，这也就是为什么我们在广告中很少看到演员出色的表演，因为在广告中，如果演员的表演色彩过于浓厚，反而会让受众对广告中的商品产生怀疑。

显然，广告真实和艺术真实是不同的。在影视作品中，演员的表演越出色，观众往往就会越相信这些艺术作品的真实性。观众在欣赏艺术作品时，常常能够区分现实情景和虚拟情景，在这种情况下，演员的投入通常能够把观众更快地带入虚拟的舞台。而在广告中，基本上只有一种情景，就是现实场景，我们很难在如此短暂的广告时间里完成从现实情景到虚拟情景的转换。当然，这种情景转换并不仅仅是因为广告时间的短暂，还因为广告推广的是现实产品，而不是虚拟产品。

那么，广告真实和新闻真实有什么差别呢？我们通常说新闻是明日黄花，意思是今天发生的事情就应该今天报道，甚至最好是同步报道。这并不是说新闻在事后看就是虚假的，恰恰相反，新闻一直是真实的，无论是在当时的报道中，还是在多年以后的重新阅读中。而广告不是这样，广告一出现的时候就是滚动播出的，换句话说，广告的反复播放机制恰恰是它有别于其他媒介产品的特点之一。同样是滚动播出，新闻的每次滚动播出都会尽可能有所补充，也就是在最新的时间增加最新的新闻情况，但我们对广告的滚动播出就不会有这样的苛求。

可以说广告的反复播放是它产生影响的重要原因，播出千百遍的广告相对容易被观众记住。那么广告为什么不惹人烦呢？这不仅是因为广告拍摄的细致精彩，更加重要的恐怕是观众看广告的心理和看新闻不同。比如，同样是报纸刊登广告，《北京青年报》和《精品购物指南》就会带来不同的效果。在新闻多的报纸上看到过多的广告时，人们就会有意见；反过来，在以广告为主的报纸上看广告就心安理得。

有趣的是，在广告报上看新闻时，我们似乎就不会苛求这种报纸上的新闻质量。因为我们可能知道这些广告报的主要任务是刊登广告，新闻只是附加任务。在他们的编辑部中，广告部的人通常比新闻部的人多，他们不需要那么多的记者，经常只需要几个会使用糨糊和剪刀的编辑就可以了，尤其是在电脑时代，搞文摘都不需要剪报了，从网络上下载就可以了。

实际上，电视剧也有反复播放的特点，特别是长篇电视连续剧，比如上百集的韩剧，它每天播放的节奏就好像是在播出广告，虽然每天的内容不同。在这一点上电视剧就和电影不一样，人们不大可能每天跑到电影院去看电影的续集，而在家里，人们可以日复一日地看一部电视连续剧。

重复播放显然是在强化人类的名声记忆，因为即便是在当时如雷贯耳的名声，经过一段时间的磨砺，也会很容易被人们遗忘。

颁奖：社会的认可

仪式传播/碎片化传播

颁奖无疑是制造名声最简捷的方式，诺贝尔奖得主一夜之间就会驰名中外。很多人说中国人有诺贝尔奖情结，虽然已经有几个中国人获得了这个奖项，但我们似乎仍然存在一种对这个奖项的渴求。

美国的奥斯卡金像奖也是有全球影响力的奖项，尽管没有诺贝尔奖那么国际化，但是它仍然成为英语世界中最重要的奖项之一。奥斯卡金像奖颁奖典礼本身就是一台有关名声的晚会，因为很多电影明星都会出席这个颁奖典礼，所以它有非常高的电视收视率。在视觉传播时代，名声和形象的关系越来越密切，形象已经成为名声的一种符号，记住了形象在一定程度上就等于记住了名声。名声和形象似乎存在某种对应关系，仿佛没有形象的名声就是弱名声，而有形象的名声就是强名声。这就是奥斯卡金像奖如此走红的原因之一。

我们还可以从政府的管理看出颁奖的影响。目前，政府很少批准全国性的评奖，对于带“中国”字头的奖项管理甚严。因此就会出现一种奇怪的现象，有人在国外获了奖，但是没有人知道它的分量，因为国外对于设立奖项的管理比中国松，于是就常有中国人在海外奖项方面上当受骗的报道。

传播学中有对仪式的研究，这种研究也成了一种理论流派。可以说从人类社会建立以来，仪式就一直是不可或缺的东西，不论是宗教的仪式，还是政治的仪式，仪式都是提高影响力的方式，甚至今天的电视直播也变成了一种仪式化传播，在这一点上，传播学的仪式传播理论和媒介事件理论可谓异曲同工。从名声的角度看，仪式就是典型的名声传播，相当于把名声规范化，用一种固化的方法来编排时空，从而赋予名声一种历史的珍贵性。

今天的碎片化传播已经对仪式化传播形成了解构，仪式讲究完整性，不仅对传播场有严肃的要求，同时对收视场也有配套的期待。但在这一点上，碎片化传播明显是后现代的，碎片本身就在一定程度上破坏了仪式的庄严性，并且，它不停地打断仪式的传播流，使得仪式感变成了片段记忆。碎片化传播的一个明显的特征是传播出现了偶然性，因为在移动传播中会有偶然性的因素。比如随时随地拿出手机看信息，这和传统的仪式化传播有明显的冲突。也就是说，移动传播和碎片化传播是相关的，两种联合共同对仪式感的传播造成破坏。我们需要关注这种关联。

举例来说，央视春晚就是一个典型的仪式传播，不同于普通的仪式传播，它把中国人传统的除夕守岁仪式变成了一种节日传播。按理说节日本身就是一种仪式，而节日传播就是一种仪式传播，但如今我们容易看到的是，在很多的节日传播中，存在着某种去仪式化的倾向。比如某些传统的节日被商业化占用和取代了。可以说传统的节日传播往往偏向纵向传播，也就是历史性传播，而当今的商业传播通常更偏向横向传播。央视春晚的一个特别的地方是，它把节日传播媒介化了，结果很多中国人都把央视春晚当成了一种新的节日习俗，这既是对传统风俗的改编，也是对仪式传播的一种发展。就仪式本身的发展来说，传统仪式如何与现代仪式接轨，一直是一个值得研究的问题。央视春晚在这方面做了有益的尝试。

排行榜：信息的通道

热搜的流行/搜索文化

严格来说，排行榜虽然不是一种奖项，但是它仍然具有激励作用，可以说它和颁奖是异曲同工的。我们最常见的是美国《福布斯》杂志的富豪排行榜。西方人胡润看准了中国市场，也仿照《福布斯》杂志的做法，在中国做了中国富豪排行榜。有人还做了艺人收入排行榜和作家收入排行榜。

今天，我们在网络上更容易看到各种各样的榜单，典型的是热搜榜，这显然是年轻人搜索相关信息的捷径。从音乐广播上的流行歌曲打榜到电影票房的排名，实际上都是一种排行榜式的信息。

电视谈话节目：对名声的维护

名声的日常维护/潜移默化的渗透

我们都知道电视对名声有巨大的影响，但是它究竟是怎么影响名声的？或者具体地说，它的所有方面都对名声有影响吗？还是它的不同部分会对名声有不同的影响呢？

电视谈话节目制作成本低廉，比新闻节目成本要低很多，这就是香港凤凰卫视大力发展电视谈话节目的原因之一。但是，很少有人注意到电视谈话节目对名声的影响。我个人觉得，电视谈话节目对名声的影响是日常化的，不是特别引人注目的，具有渗透的功效。

在崔永元主持《实话实说》节目的时代，中国的电视谈话节目少得可怜，电视在那时还是比较神秘的，很多老百姓都希望到电视演播室里看看电视节目是怎么制作出来的，所以当时不必担心找不到现场观众。而今天的电视谈话节目已经出现了拉群众的做法，就是需要组织观众到节目现场，否则就可能会没有观众。

今天的电视谈话节目越来越多，它已经不是为了减少电视制作成本的权宜之计，也不是各领风骚三五年的短期节目形态，而是十分稳定的骨干节目，可以说是电视的日常声音。如果是在一个小地方电视台，很难办电视谈话节目，因为他们不容易请到高质量的嘉宾。所以在基层电视台，我们最容易看到的是两种电视产品，简单地说，就是新闻和电视剧。新闻代表的是政治部分，而电视剧代表的是娱乐部分。

实际上，并不是只有基层电视台为电视谈话节目苦恼，很多年以前，南方的大电视台也不看好电视谈话节目，他们的理由是，普通话是以北方语言为标准的，所以在南方要想找到普通话标准的主持人并不容易，更不必说还要找谈话节目的嘉宾和现场观众。除此之外，很多人会觉得北京和上海的谈话人才多，嘉宾好找，所以许多电视台的谈话节目演播室都设在北京。

电视剧：日常生活的名声

名声的生活方式/区域传播

如果说电影制造了更多的国际名声，那么电视剧则更多地制造了国内名声。为什么电视剧能够制造国内名声？换句话说，电视剧的名声为什么相对来说局限于国内呢？一个简单的理由是，电视剧是一种典型的日常化产品，它的播出环境以家庭为主。这一点和晚报以及都市报的情况有点类似，党报和政府机关报在中国通常是公费订阅的，有浓厚的官办色彩，公家人在公家的地方阅读，所谓公家的地方就是办公室；而晚报和都市报则是飞入寻常百姓家，个人订阅，在私家场所阅读。因此，中国的大报有点像电影，冠冕堂皇；而小报则有点像电视剧，更加日常化。

举一个例子，姜文和姜武是兄弟，哥哥姜文很少拍电视剧，主要拍电影，而弟弟姜武拍电视剧比较多。比较起来，姜文的国际名声更大一些，这可以看成是电影和电视剧的差别。如果我们需要制造国际名声，通常依靠电影，而国内名声主要靠电视剧。

电视剧日常化的特点，使得电视剧明星不能有很长时间的空白，如果一个演员很长时间不在电视上露面，就容易被观众遗忘。所以，有的演员在同一时间段里有几部电视剧一起播出就变成了霸屏。比如说，张嘉译在 2017 年的一段时间里就霸了屏，他不是戏霸，也不是小鲜肉，但他在 2017 年的温和霸屏，可以视为亲和力超过了权威性。虽然他的霸屏有偶然性，不过，比较近些年的霸屏演员，我们会发现他有百搭的感觉，没有咄咄逼人的气势，更多的是左邻右舍的国民状态。这一点他有点像佟大为，只不过后者还没有到他的年纪。在霸屏的问题上，观众接受是关键。

从某种角度说，我们甚至可以把电视剧看成一种生活方式，虽然和新闻相比，电视剧是虚幻的，但是和电影相比，电视剧又是真实的。有时候，我们会有一种奇怪的感觉，就是电视剧好像比新闻还真实。比如说，2017 年电视剧《人民的名义》播出的时候，很多人都觉得它非常真实。

同时，电视剧还可以扩大地方名声，例如，电视剧《乔家大院》的播出无疑使得乔家大院这个旅游景点声名鹊起。这是电视剧制造名声的经典案例。

电视晚会：仪式化的名声

跨年晚会/电视的戏剧化

在当代中国，可以说很少有人没有看过央视的春节联欢晚会，因为在每年的除夕夜，全中国的电视频道都在播放这台文艺晚会。也有很多演员在这个晚会上一举成名。

曾经有一段时间，中国各地的电视台都出现了一股晚会热，不仅每个地方都办春节联欢晚会，并且一有节日也都办电视晚会。结果是演员对各种各样的晚会应接不暇，社会上也开始质疑这种晚会热，因为晚会的成本比较高，在中国并不富裕的情况下，会造成不必要的浪费。

电视真人秀节目：生活化的名声

去价值观的真人秀/名声的过程化

“秀”这个概念是直接翻译的西方的词语show。我们容易忽视的是，这样的概念通常是由我国港台地区首先翻译的，也就是说，港台地区和内地的翻译习惯不同。脱口秀也是类似的翻译方式。

从文化上说，西方人似乎比中国人更愿意在公开的场合秀自己。中国人的传统文化是以低调和谦虚为美的，不那么提倡张扬。虽然亚洲流行卡拉OK，但那毕竟是在一种熟悉的私人环境中进行的表演，所以我们可以理解为什么西方人不是那么喜欢卡拉OK。甚至我们还可以进一步理解为什么西方人没有中国人那么喜欢发短信，而是更喜欢电话留言。在大学课堂上，我们能够看到西方学生比中国学生更愿意提问，更活跃。

电视真人秀节目被引进中国以后，引发了一些讨论，比如，究竟中国有没有标准的电视真人秀节目？西方的电视真人秀节目是否适合中国？因为西方的电视真人秀节目经常突破道德的底线，比如性元素，而这些元素显然不适合目前中国的文化状态。

从专业的角度看，也许电视真人秀节目是最适合电视的一种节目形态，好像它就是为电视而生的。之所以这么说，是因为真人秀节目是一种电视的日常化试验。电视本身就是属于日常生活的，在这一点上电视明显不同于电影。在此之前，我们有电视纪录片，但是纪录片可以说没有秀的成分，它鼓励真实。

在西方，很多参加电视真人秀节目的人都出了名，让我们不容易理解的是，通常十分尊重隐私权的西方人却好像在这种节目中暴露着隐私，这当然有市场驱动即收视率的因素。同时，还有一个不引人注目的原因，就是名声的过程化。过去我们经常看到的是名声的结果，而现在的电视真人秀节目让我们看到名声的过程，不论是名人的日常一面，还是普通人的成名之路，都是让我们在观看一种名声的形成过程。

电影：名声之梦

电影表演和电视剧表演的区别/电影的技术欣赏

电影可以说是我们人类迄今为止所创造的对名声影响最大的媒介产品。虽然电视剧比电影更加频繁地影响我们的日常生活，虽然在电影院看电影的人已经越来越少，但是，我们仍然不能否认电影对名声的巨大影响。为什么会有这种情况呢？一种可能的解释是，人类的名声认知已经进入了视觉传播时代，而电影是人类视觉传播的极限产品。在人类的文字传播时代，名声和形象是脱节的，也就是说，不能把它们对号入座。很多人可能听说过一些名人，但是他们没有见过这些名人，这个时候往往名声比形象强大。如果你碰巧在那个时代有幸遇到了一个名人，你很可能会感到失望，因为他没有你想象的高大。简而言之，人们在那个时代几乎无法把名声和形象紧密联系在一起。

而在听觉传播时代，名声和形象依然是隔绝的，只闻其声，不见其人。无论是电话还是广播，都使人类产生了声音崇拜，而崇拜在某种意义上就是名声的前提。在中国，曾经有许多人崇拜过外国电影译制片的配音演员，因为他们的声音太迷人了，他们的说话方式和国产电影里的声音完全不同，以至于我们很多人甚至觉得他们的声音比电影的原声还要好听。当然，很多人在见到他们心目中的偶像时，同样会感到失望，因为这些著名的外国电影配音演员和电台主持人一样保持着形象的神秘感，他们的形象和声音是分离的，我们享受着他们的声音，有时候会想象他们的样子，甚至会产生想要见到他们的冲动。

很难说是否是幸运，人类单独的声音传播时代持续得非常短，幸好我们还有音乐，这是贯穿人类历史的最长的声音。如果说声音传播没有从本质上改变人类名声和形象脱节的情况，那么视觉传播彻底做到了这一点。我们现在看到的名声绝大部分都有对应的形象，比如美国总统选举的电视辩论。

电影的另外一个让我们感到困惑的问题是，和电视剧比较起来，电影似乎具有更大的国际名声。至少在中国，虽然演电视剧比演电影能够获得更多的酬劳，但演员们还是非常乐意演电影，尤其是对于那些希望获得国际名声的演员来说。为什么会有这种差别呢？从专业的角度看，演员们喜欢电影好像是无可厚非的，因为电影代表着更高的专业水平。正如很多演员自始至终对话剧舞台充满期待，因为那里就如同他们的艺术发源地。

从名声的角度说，电影显然比电视剧有更多的世界观众，电视剧可能会受到更多的地域限制，电视剧的生活化好像在靠近本国或者本地观众的同时疏远了外国观众。虽然现在有许多中国青年在网络上收看韩国电视剧或者美国电视剧，但是这并不能消除电视剧和电影的名声界限。我们很容易把一些大制作的电影称为大片，但我们从不这样称呼电视剧。我们在电影中看到了更多富人的生活，但在电视剧中看到了更多穷人或者普通人的生活。这很像托尔斯泰在《安娜・卡列尼娜》开篇写道的："幸福的家庭都是相似的，不幸的家庭各有各的不幸。"

电视剧可以拍几十集，播放几个月，而电影不可能这么做，电影顶多是英国 007 系列；电视剧是日常名声，电影是超常的名声；在电影院看电影是一种生活方式，而在家里看电视剧是一种生活习惯。

网络：网红的生产

关系传播/云传播

网络在为我们人类创造虚拟世界的同时，也为我们创造了虚拟的名声。虚拟的名声和现实的名声究竟有什么区别呢？在网络上走红的芙蓉姐姐和通过《超级女声》节目成名的李宇春可以代表这两种名声，网络中的名人更有可能是用的假名和艺名，也就是虚拟的名字。

虚拟和想象的生活还是有很大不同的，想象在某种程度上是对现实的夸张，而虚拟是和现实的对立。在虚拟的世界里，时间和空间是可以分离的，比如，很多年轻人在网上同步看韩国电视剧，但他们的地点是可以被抽离的，也就是说，他们可以分布在世界各地。而现实名声是非常依赖地域的，比如，在北京有名声的人未必拥有全国的知名度，而在北方有名的人又未必在南方有名，在中国有名的人也未必有国际名声。

我们都知道网络是能够重新划分社区的，这就是虚拟的功能，根据爱好和某种特别的目的，网民可以被社区化。在现实生活中，我们通常只属于一个地方，而在网络的虚拟世界中，我们可以属于无限多的地点，从而具有了多重身份，这大概就是很多人反对网络实名制的原因之一。

有趣的是，很多人似乎对网络上的名声不屑一顾，这说明网络的虚拟名声有某些后现代的味道，就是不那么认真。尽管如此，网络的推手仍然是非常厉害的，他们可以让一些人在网络上迅速出名。

当新浪推出名人博客时，一些人提出了这样的质疑，因为博客刚刚出现的时候被视为草根媒介，而现在它被安上了明星的光环。作为一种市场策略，我们可以理解一些网站的用意，毕竟网站需要点击率，需要普及博客的概念。实际上，即便是一些已经成名的人，博客仍然能够帮助他们维持原有的名声，使他们一直停留在人们的视野中，许多崇拜者可以在这些明星的博客中得到某些满足。博客出现的时候，我们很容易想到，这是专栏作家的福音，因为专栏作家在国内的发展比较缓慢，他们缺少发表的园地，而在网络世界中，这个问题得到了某种程度的缓解。

微博是一种关系传播，它作为关系媒体带动了云彩式传播。它不是一整片云，而是被分割成许多片，如同一个个社区。它们可能是在意见领袖的带领下，形成一个个的传播部落，然后再连成片，最后形成一种我们叫作微博舆论的东西。这和过去的整体传播是不一样的。通过微博，我们可以观察到三种类型的人际关系：

第一种，中心型。周围的关系都以他为中心，他容易成为聚会的焦点，名人多属于此类型。

第二种，中介型。他不是人际关系的中心点，但他是枢纽，社会交往圈内的很多人都是通过他才认识彼此的。

第三种，紧密型。他圈子里的所有人都和他保持着最短的人际关系距离。

我们也可以从另外一个角度把人类关系分为两种：个人关系和社会关系。社会关系个人化通常被视为人情腐败；相反，个人关系社会化又会被认为是人情淡薄。个人关系是个体关系，社会关系是整体关系。大众传播面对的是整体关系，人际传播面对的是个体关系。个人关系是纵向关系，社会关系是横向关系。

让我们看看网络对人类关系的影响。在网络出现之前，几乎所有的大众传播媒介都是拆散人类关系的。而网络似乎恰恰相反，最明显的是微博，它仿佛在重建人类关系，虽然可能使用的是虚拟的方式。中国重视关系学，我们可能更容易接受关系媒体。

我们还可以从外部关系和内部关系的角度来看，不妨把一个人原有的社会关系叫作内部关系。内部关系是有限的，外部关系是无限的；内部关系有更多的人情，而外部关系更职业；内部关系用完后人会求助外部关系，外部关系通常更难转变为内部关系，外部关系靠维护。

第九章　名声对经济有什么影响？

怎么看名人代言门？

名声的买卖/职务内名声/生产环节和消费环节的区别

在2009年中国发生的有关名声的大事中，名人代言门算是最突出的。侯耀华代言的10个商品广告都被认为是违法广告。不无讽刺的一个说法是，一个人做一个假广告容易，难得的是做的10个广告都是假的。另外和侯耀华相提并论的人是赵忠祥，他被曝光代言违法广告。有意思的是，他居然打算和这家点他名字的有关单位打官司。

值得注意的是，代言虚假广告似乎并未影响陈小艺和葛优的演艺名声，葛优曾经代言的亿霖木业经营方式属于传销模式，“亿霖集团案”是北京最大的传销案。不过，2008年的三鹿奶粉事件让很多代言产品的明星都坐立不安了，因为这是丑闻，性命攸关。可以说2008年是名人代言的分水岭，在这一年，大家都意识到了我们需要法律法规来规范名人代言。

名人为什么能够代言商品呢？简单的回答是，因为他们有名气，有了名气，就会有很多人知道他们，这样就可以把他们和某些商品或者事物联系在一起，让他们代言的东西沾他们名声的光。这样一来，名声就有了明确的商业价值，不同的明星就有了不同的代言价格。直截了当地说，名人代言的时候就是在出售他们的名声。

问题是，在以商业为目的的广告和代言中，名人的名声很有可能获得老百姓的信任，也就是说，很多消费者会认为，名人肯定是使用了某种商品以后才去做的这种商品的广告，尤其一些体验类型的广告更是如此。比如，成龙在做一个含中药的洗发水广告中反复强调他是使用以后才肯做这个广告的，并且拍摄这个广告时要追求自然和真实。

实际上，名人代言商品广告中的某些形象和语言常常会被人们编排成茶余饭后的笑料，这并不意味着他们代言的商品就成了笑柄，因为人们还是很容易把名人和他们代言的商品分开的。比如，消费者不会因为看到陈建斌做农用车广告就想当然地以为陈建斌每天开的就是农用车。很多人更可能把明星代言的广告视为一种演出，既然是演出，就不能太当真，否则就容易把明星本人和他们扮演的角色混为一谈。

说到这里，我们就很容易理解一些名人在代言问题上的苦衷，因为他们没有能力保证自己所代言的商品的质量，言外之意就是这个责任应该由国家相关部门和播出广告的媒体来承担。

事实上，名人代言门反映了法律上的一个空白，就是怎么界定和管理名声。这是一个世界性的问题，只不过在今天的中国更加突出罢了。具体地说，就是怎么看待名人使用他们的名声。比如，央视长期以来就有一个不成文的内部规定，即央视的主持人不能做广告。倪萍是离开央视以后才做的广告。对比来说，很多地方电视台都允许主持人做广告，凤凰卫视更是全方位包装主持人。

从名声的角度看，央视显然是认为主持人的名声不完全属于个人。在这个意义上，主持人的名声似乎就被划入了职务内名声。在有关科技发明的官司中，我们常常听到职务内发明和职务外发明这样的表述，准确地说，就是职务内的发明归单位，因为这种发明利用了上班时间和单位的资源。那么，能不能套用这种逻辑来判断电视台主持人的名声呢？恐怕很难。因为主持人的名声一旦建立起来，就不分上班下班。

事实上，电视台之所以能够采用这种规则来管理主持人的名声，很大程度上是因为它可以控制和垄断这些名声，换句话说，如果主持人的节目不能播出，他的名声就会黯然无光。这样说来，主持人的名声在相当大的程度上不具备独立性，或者说它是一种捆绑类型的名声，需要依附电视台。

接下来的问题是，名声是否应该被管理？是否能够被管理？或者说我们应该怎样去管理名声？名声可以被视为无形资产，而无形资产的评估是非常麻烦的事情，比如，我们经常听到新闻中说可口可乐的品牌价值是多少亿，或者说某个明星的身价多少，都是指无形资产。

名声是一个很奇怪的东西。在名人代言门中，之所以说一些违法广告并不影响明星的名声，很大原因是广告本身错了，而明星在这其中是被动的，也就是说，他们并不是真正意义上的帮凶。虽然法律会限制他们的广告行为，虽然三鹿奶粉事件会让代言明星心惊肉跳，但毕竟他们是在不太知情的状况下介入的。

名人的名声会影响广告，而广告反而不大能影响名人的名声。这看上去是很奇怪的推理，具体地说就是，广告错了，对明星的名声影响不大；而如果名人自己犯错误了，就意味着他的名声出现了问题，也就会连累他做的广告。因此，广告商往往会在这时撤下这个问题明星的广告，或者停止和他的广告合同。典型的例子是美国高尔夫名人老虎伍兹，他在 2009 年底发生了一次交通事故，本来是很平常的交通事故，结果有好事的媒体曝出了老虎伍兹的绯闻。老虎伍兹是美国体育界的大明星，每年的广告代言非常多，一直很少有绯闻，公众形象健康，突然出现这个事情，马上就有可能影响他的广告代言合同。

在名人代言门中有一个问题值得注意，那就是广告究竟属于生产环节还是属于消费环节？如果属于生产环节，就意味着广告成了生产的一个组成部分，那么，名人代言广告受到指责就很容易理解了；而如果广告属于消费环节，那么，名人在广告代言时出问题就显得有些冤枉了，因为这代表着名人也是消费者，广告商品出问题的话，明星通常是不知情的。因此，按照《消费者权益保护法》，明星们也有权利去告那些广告商或者生产商。

按照我们通常的理解，广告虽然是一个销售环节，问题是，销售属于生产还是消费呢？从实体经济到虚拟经济，我们的生产环节已经增添了越来越多的名声色彩，名人广告代言看上去就是把名人和广告捆绑在一起，让他们成为一个有机的整体。过去是酒香不怕巷子深，现在是酒香还要名人捧；过去的商品在销售时依靠的是口碑，现在依靠的是广告。

不能否认的是，名人广告代言并非没有所得，除了价格不菲的代言费以外，还有一个不大引人注意的好处，就是广告对名人的名声也有维护功能。也就是说，名人频繁地出现在广告中，不仅给所代言的商品增加了名气，同时，也让他们自己能够经常出现在老百姓的面前。要知道，保持名声的一个最有效的方法就是频繁出现，毕竟明星不能如此频繁地出现在电视剧或者电影当中。

名声成为一种经济

名声的产业链/经济名声

如果说到经济名声，可能许多人觉得容易理解，它意味着某些人在经济上有名声。而名声经济则有所不同，它是指围绕名声展开的经济活动。比如，有人就曾经计算过，围绕美国著名篮球明星乔丹能够产生巨大的经济效益，这不仅指乔丹所效力的篮球界，还包括乔丹的名声能够影响到的其他行业，如广告业、服装业等。总之，它并不局限于某一个行业，而是一种通过名声的链条重新组织起来的经济。

对于中国人来说，姚明几乎是众所周知的名字，姚明给美国 NBA 注入了强劲的亚洲元素，吸引了众多中国人观看 NBA 的比赛，这不仅带来了巨大的广告效应，同时，也成就了姚明经济。

实际上，乔丹经济在乔丹退役以后仍然保持着一定的活力，比如，以他的名字命名的运动鞋继续畅销，人们还在讨论他的接班人会是谁，说明名声经济并不一定会随着某个人的引退而迅速衰退。最典型的是美国著名歌手猫王，虽然去世很多年了，但他的唱片依然在热卖，甚至他的歌曲还会登上排行榜的前列。英国的甲壳虫乐队也是如此。

当然，我在这里说的名声经济，并不仅仅指一个人，而更多的是指整个的名声经济，也就是说，从名声和经济的关系角度来看名声经济，从社会名声的整体角度来看名声经济。简单地说，名声经济并不是粉丝经济，而是商家对名声的经济开发，这种开发建立在名声影响力的基础上。

从全世界的范围来看，名声经济有强势地区和弱势地区之分，通常，发达地区的名声经济要好于欠发达地区。比如，美国是一个十分典型的名声强国，它的名声经济就非常发达，可以说它属于输出名声的大国。在名声经济的进出口方面，美国明显是出口大于进口，算是名声的顺差国家。对比来说，中国虽然是一个改革开放的大国，虽然我们也是外向型的经济大国，虽然我们的经济比较依赖出口，但是在名声经济的问题上，我们是倒过来的。我们的明星很少在国外做广告，我们拥有的国际明星还很少，我们的体育行业还缺乏名声集结度，具体来说，就是我们还没有像美国 NBA 那样富于名声经济的体育产业。美国的 NBA 有越来越多的国际球员加入，带动了国际经济的介入，结果是名声经济越做越大。

在“文革”时期，中国人可以追求的名声只有一种，那就是政治名声。因此，政治名声成了独木桥，经济名声是受到打击和压制的，体育名声和文艺名声也都被简单地转化为政治名声。那时候，很多人都会主动追求政治名声，如果一个人被报刊表扬了，似乎他就自然获得了某种政治名声，但如果被报刊点名批评了，他就名誉扫地了。因此，我们比较容易记住的是王进喜和雷锋这样的先进模范。

为什么经济学家的名声不大好?

经济建设

要说最近一些年在中国哪种专业人士最吃香，恐怕很多人都会想到经济学家，因为中国现在是以经济建设为中心，经济发展速度很快。不过，还是有很多人对国内的经济学家提出了质疑，其中主要的一点是，许多经济学家和经济利益集团的关系太近，没有发出自己专业的声音，有时候可能会成为经济利益集团的代言人。

按理说经济学家是专业人士，也就是说，他们拥有的是专业名声，但经济学家的名声也有可能变成一种社会名声，在当前的中国尤其如此。我们在今天的中国很少看到活跃的文化学者，事实上我们不乏各种各样的学者，只是他们不够活跃罢了。

第十章　名声与媒体

媒体为什么喜欢名声？

媒体的商业性/名声的模仿/媒体的名声

在中文的概念里，“媒体”通常是指一个组织或者一个机构，而“媒介”的意思经常是比较抽象的，相对来说，“传媒”则更多用来代表一个行业。

媒体之所以那么喜欢名声，一个最显而易见的原因就是，媒体具有商业性，需要自负盈亏，需要追逐利润。有了名声，就会有更多的读者知道这个媒体，并且购买这个媒体的媒介产品。同样的道理，一个媒体所报道的事物越有名声，就会吸引越多的受众来观看，这是名人效应，人们喜欢看有名的事物。一方面，媒体本身需要名声，也就是说，越有名气的媒体越会受到更多的关注；另一方面，媒体喜欢报道有名声的事情。

不过，有意思的是，媒体的名声鼓励唯利是图。比如，在全世界的范围内，通常都是大报的公信力比小报强，而小报则显得重利一些。因此，在中国是小报养大报，因为小报更能赚钱。这里就涉及一个矛盾，是否有公信力就妨碍赚钱？赚钱的名声是否真的不那么好听？媒体的公信力与亲和力是否就是一对天生的冤家？商业性是否就意味着媒体更加贴近老百姓？

那么，媒体为什么喜欢报道有名声的东西呢？这可能不应该全怪媒体，因为有许多老百姓喜欢看，所以媒体才会去追逐。换句话说，在人类的心理潜质中可能存在着一种名声心理，就是喜欢关注有名的东西，特别是在观看别人的故事时，我们喜欢把名声作为一种说服力，让自己去借鉴或者学习。虽然人们也在努力培养个人的自信心，但不客气地说，绝大部分人常常会觉得自己比较渺小，而世界辉煌无比。

当我们看待外面的世界时，不得不选择一个参照系，而这个参照系中非常重要的一环就是名声，名声会引起我们的注意，让我们减少选择的成本。在信息爆炸的时代，我们对付信息过剩的一个有效方式就是选择有名气的东西，因为名声往往意味着经过了别人的选择，这正好符合我们的从众心理，从众可以帮我们减少麻烦，让我们不去冒险。

几乎所有学习历史的孩子都会遇到一个问题，即到底是英雄创造了历史还是人民创造了历史，这是一个经常让青少年困惑的问题。从公平和平等的角度说，我们自然非常愿意强调是人民创造了历史，也就是老百姓创造了历史。但是奇怪的情况出现了，绝大部分的历史书都在突出英雄人物和社会精英，比如在司马迁的《史记》中，帝王将相是被分门别类讲述的。

媒体喜欢什么样的名声？

争议性/通俗易懂

媒体最感兴趣的是什么？在许多人眼里，新闻记者好像唯恐天下不乱，坏消息在媒体那里就成了好消息。按照这样的逻辑，媒体似乎应该理所当然地喜欢坏名声，用通俗的话说，就是名声不坏，媒体不爱。但是，名声毕竟不能完全等于新闻，新闻界可以说坏消息就是好消息，而名声学却不能够说坏名声就是好名声。

从最近几十年的新闻发展来看，媒体最感兴趣的东西也在不断发生变化。

比如，在“文革”结束之前，媒体最感兴趣的是政治新闻，包括典型报道，任何人只要是被媒体报道了，就好像是被政治化了，媒体的政治工具色彩浓厚。媒体的报道过程不是一个简单的社会化过程，而成了比较单纯的政治化过程。

实际上，在改革开放初期，当时的经济改革者就被推到了新闻报道的前沿，像浙江的厂长步鑫生，石家庄的厂长马胜利，还有邓旭初和温元凯。新闻对他们的报道好像开始有了人情味，他们好像也有了个人的脾气和秉性，完全不同于过去的劳模式典型人物。这种所谓的改革家报道虽然持续的时间并不长，但我们仍然能够在今天的成功人士报道中看到这种影子。这反映了媒体的某些偏向，比如，相对于四平八稳的所谓老好人名声，媒体似乎更喜欢有个性和有故事的名声。

今天，电视媒体的影响力越来越大，这在一定程度上改变了人们对官员形象的认识，那些善于电视表现的官员常常容易受到媒体的欢迎。在“非典”期间，央视《面对面》节目主持人王志对新任北京市市长王岐山的长篇专访引发了轰动，一时间，王岐山成了非常受媒体欢迎的官员。

通常，媒体不大喜欢只会念秘书写的讲话稿的官员，而是比较喜欢果断坚定的官员；媒体也不喜欢说话啰唆的官员，而偏爱干净利索的官员，不绕弯子，通俗易懂，而这些正是老百姓非常喜欢的。新闻媒体本身不是文学载体，它崇尚精练简明，易懂易记，符合媒体这种特点的官员往往比较容易受到媒体的欢迎。

媒体与名声的三种关系

成名的想象/媒体和名人的关系

在媒体和名声之间存在三种关系：第一种关系是，媒体喜欢报道已经有名声的东西；第二种关系是，媒体喜欢让自己报道的对象变得有名声；第三种关系是，媒体喜欢让自己的报道本身变得有名气。

在第一种关系中，媒体报道的事物本身已经是有名气的了，也就是说，这种名声已经是某种客观存在了，即便媒体不报道，他们依然是有名声的。比如，一些历史人物和历史事件，还有许多当政的政治家。伟大的音乐家、艺术家，他们的成绩已经有目共睹，即便是在口口相传的时代，他们也已经名扬天下。媒体在今天依旧喜欢报道这样的名人，因为他们是耳熟能详的人物，因为任何社会都越来越需要政治的开放，因为媒体有传承的功能，也就是让我们的社会文明代代相传。

第二种关系是比较复杂的，因为这意味着在媒体报道之前，被报道的对象并没有什么名声，可以说是默默无闻的。比如，像雷锋这样的战士，如果没有媒体的报道，很难想象他会有后来的名声。实际上，中国很多的劳动模范和先进人物都有这种经历，也就是说，在这种情况下，新闻记者成了重要的环节，如果没有他们的报道，很多人物就会被埋没。难怪一些记者曾经非常自豪地宣称他们用出色的报道扶植了某些典型人物，言下之意就是他们的报道成就了一些人的名声。

今天，大量的网络推手好像更有资格这么说，因为他们似乎可以翻手为云，覆手为雨，随心所欲地制造网络名声，比如芙蓉姐姐和天仙妹妹的走红。央视知名栏目《经济半小时》曾经播出了揭露网络黑社会的连续报道，这种报道的力度是罕见的，它直接指向操控网络舆论的幕后黑手。看上去网络不仅有推手，还有水军，就是职业的灌水人，他们有目的地在网络论坛发帖子，制造名声，由此获得一定的报酬。虽然黑社会的帽子可能有点大，但是这种报道还是比较深入地揭露了网络黑幕。从专业的角度看，这些网络的散兵游勇要想控制网络舆论谈何容易，他们更多的是在制造一些所谓的网络红人，毕竟网络名声不同于传统的媒体名声。

第三种关系让我们看到了媒体平台的作用，简单地说，就是媒体所做的报道越有名，就越有可能把媒体本身变成一种传播名声的平台。比如，央视每年一度的春节联欢晚会本身就成了制造明星的工厂。在这个意义上，媒体就成了人们出名的重要渠道，所谓渠道制胜。

第十一章　名声与名人

什么样的人算名人？

名声的标准/红人

在这个世界上，名人并没有统一的定义。有的学者认为，名人就是被人们熟知的人。按照这个定义，经常在媒体上露面就是成为名人的必要条件了，因为如果想要让别人熟知，常常出现在媒体上就是一个最有效的方式。换句话说，我们的媒体变成了影响名人的最重要因素。

“名人”“明星”和“红人”看上去都是一回事，但仔细想一下，这些词语还是有区别的。明星主要是美国好莱坞的产品，明星制的电影针对的是观众市场，虽然今天这个概念已经不再局限于电影界和文艺界了，但它仍然保留着艺术的痕迹。红人的概念现在更多地在互联网领域被使用，过去我们说到红人，多半是指这个人在谁那里受宠，相当于宠儿的意思。不过，现在网络已经在某种程度上改变了红人的原意，如今的红人已经被很多人视为名人，只不过它更多象征的是短期名人，特别是用来形容那些突然火起来的人。在中文的概念里，名人所指的范畴要比明星大，说到明星，很多人都会马上联想到文艺界和体育界的名人；而要提到名人，我们会觉得他们可能产生在许多行业，也就是说，许多人不知道的未必不是名人，因为总是有些人知道他们，否则他们就不会被称为名人。

这里就涉及名人的标准问题，从地域的角度看，我们可以将名人划分为世界的名人、全国的名人和地区的名人。从理论上说，世界的名人必定是全国的名人，而全国的名人却未必是世界的名人。有些人在他们所在的地方家喻户晓，但其他地方的人可能对他们一无所知。因此，许多名人都喜欢到一个陌生的地方或者国家去度假，因为那里几乎没有人认识他们，也就自然没有狗仔队跟踪他们。

很多演员之所以喜欢上央视的春节联欢晚会，一个重要原因就是，央视的春晚可以让他们拥有全国的名声，而地方电视台就很难做到这一点。虽然现在中国所有的省级电视台都上了卫星，都有了卫视，但仍然有许多地方电视台的主持人喜欢到央视工作。虽然省级卫视都已经实现了全国乃至亚洲地区的覆盖，但是说到在全国有影响力的电视台，人们依然首推央视，这恐怕不仅仅因为央视是行政上的国家电视台，也不仅仅因为央视的落地工作做得好，更加重要的是，央视拥有全国的注意力，影响力在某种意义上就是注意力。在世界范围来看，央视也有全球的信号覆盖，但是，它在全球的影响力仍然不及英国的 BBC。

那么，名声是否是一种世界通用的货币呢？如果是的话，那么在中国有名的人也应该在全世界有名。但实际情况并非如此，一些在中国赫赫有名的人物到了海外就成了无名之辈。原因之一就是名声并非硬通货，而是软实力，它包含了文化理解。

如果从行业的角度来看，我们就能够发现专业名人和社会名人的差别。于丹和易中天在登上《百家讲坛》节目之前，充其量只是专业名人，也就是只有行业内的人知道他们，而在《百家讲坛》走红以后，他们就变成了社会名人，社会上的很多人都知道他们了。这让我们看到一个过渡，即新闻媒介成了一个嫁接的桥梁，帮助他们打通了专业名人和社会名人中间的一堵墙。因此，我们如今能够理解为何许多知识分子都希望成为媒体知识分子，因为他们都希望成名。虽然中国的古老传统希望知识分子坐冷板凳，耐得住寂寞。

名人的圈子

名声的交换/名声的层级/熟悉的陌生人

从社会学的角度看，我们都是生活在一个个圈子当中的，换句话说，整个社会是由一个个圈子组成的。如果看一个人的电话本，我们就可以大概猜测他所属的圈子，或者说他是在哪些圈子中活动的。过去，我们常常说许多中国的农民一辈子也没走出过大山，没怎么出过他的家乡和村庄，这当然会导致他的见识少，没见过多少人，尤其是没见过多少外面的人，也就是说，他基本上是在熟人圈子里面生活的。

设想一下，如果一个人一辈子没见过多少陌生人，这意味着什么？意味着他一辈子几乎都在和熟人打交道。如果周围都是熟知的人，那么，他为什么还需要名人呢？因为名人就是被人们熟知的人而已。因此，按照这个定义，岂不是他们全村的人都是名人了？因为他们彼此都是熟人，在他们中间，谁是名人呢？在这种情况下，村主任有可能是他们的名人，因为村主任管理他们，级别高人一等。还有可能是一个出过远门的人，因为他知道很多别人不知道的事情，看到过很多别人没有看到过的事物，所谓见多识广。

不过，最让我们惊讶的不是这些，而是我们有可能推导出另外一个结论，那就是名人更多的会在陌生人中间产生。和以前的定义相比，这里发生了微妙的变化，名人仍然可以说是被人们熟知的人，但这里的熟知更多指向了陌生人，也就是说，在某种意义上变成了陌生人对陌生人的熟知。

在熟悉和陌生之间存在着许多不同的关系，一种是把熟悉的东西陌生化。

也就是把司空见惯的东西陌生化，通过这种陌生化，可以产生某种再陌生感，因为陌生的东西总是容易引起大家的兴趣。换句话说，我们在生活中容易接受熟悉的东西，而在虚拟的屏幕上，反而容易接受陌生的东西。

听起来，把陌生的东西熟悉化似乎是更加容易的，新闻报道就是最典型的例子。新闻报道追求的是新奇，闻所未闻，因此它不需要多么复杂的加工。但是，反过来就不那么容易了，把熟悉的东西陌生化，这是一种挑战。那么，电影和电视剧属于哪一种呢？是把熟悉的东西陌生化还是把陌生的东西熟悉化？我个人的看法是，它们属于前者。

在日常生活中，我们常常听到有人被别人称为熟悉的陌生人，反过来，我们能够把某人叫作陌生的熟人吗？这种情况应该很少发生。换言之，熟悉的陌生人在某种程度上是名人的准确定义。首先，名人肯定是我们熟知的；其次，名人离我们距离越远，越陌生，名气就越大；最后，越是开放的环境，越容易产生名人。

再回到村庄的概念，如今很少有封闭的村庄了，走出村庄的人常常比回到村庄的人多，电话成为常用工具了。在固定电话时代，电话本是必不可少的，从电话本上可以看到一个人的社会交往半径。在中国的农村，过去都有大喇叭，有什么事情都是通过大喇叭传递的。大喇叭是一个广播工具，一广播全村都能够听到，这就没有什么隐私了。没有隐私的概念就是把全村视为一个大圈子，不再分为其他的圈子了，所谓公私不分，村主任就是父母官；个人和集体不分，公家的事情再小都是大事，而个人的事情再大都是小事。

不过，问题也来了，从理论上说，没有私，就没有公；都是公，也就都是私了。正是在这个意义上，中国人不大容易理解西方的公共性，我们常常会把公共性等同于国家性。

在中国传统文化中，大公无私和公而忘私一直是被传扬的。但是，这个“公”通常是和国家画等号的，中国人爱说国事家事，国事就是公事，家事就是私事，公永远大于私，再大的私事都是小事，再小的公事都是大事。当中国引进德国法兰克福学派哈贝马斯的公共领域理论时，当我们强调中国缺少公共知识分子时，我们是力图在国事和家事之间重新建立一种公事。这个公共性介于传统的公私之间，既不属于自己，也不纯粹属于别人，而是属于公共的事情，是大家共同的事情。

实际上，隐私是构成社会圈子的因素之一。从固定电话到移动电话，传统的纸质电话本已经逐渐被手机上的通讯录所取代。不过，有一点倒是没有什么变化，那就是过去大家怕丢失电话本，因为怕和朋友失去联系，而今是怕丢失手机，因为手机没有了，就意味着手机中的通讯录也随之丢失了，这等于是把自己的隐私暴露了。因此，现在很多人选择了不给通讯录分组，也就是说，骗子和小偷拿到这些别人丢失的手机以后，并不能够区分通讯录上哪些人是其家人，哪些人是其亲密的朋友。

如果我们分析电话本上的分类，就会发现社会关系的一些秘密。通常，电话本上的关系可以粗略划分为两种，一种是纵向的关系，另一种是横向的关系。所谓纵向的关系，就是指有深度的关系，是可持续发展的关系，比如家人、父母、亲人、亲密的朋友等；而横向的关系指的是一些横向发展的关系，这些关系往往是浅层次的，比如商务关系、同事关系等。

有趣的是，我们人类的社会关系常常是不重合的，比如，一个人的纵向社会关系和其横向社会关系经常就是不交叉的，他们彼此之间很可能不认识，而把这两种社会关系联系在一起的就是电话本的主人。在这个意义上说，手机的机主就成了一种枢纽、一种社会关系的媒介。

再往深层次分析，人的关系网实际上就是由许多个关系的圈子组成的，而有意思的是这些错综复杂的圈子之间并不搭界，它们好像毫不相干。最重要的是，它们之间仿佛存在着一些隔离墙，是看不见的墙，我们的社会关系也有间离效果。但是，随着网络的到来和高科技的发展，人类社会关系的隔离墙开始出现动摇。最明显的例子是社交网络，它已经造成了一些社会关系的变形，具体地说，就是原来不认识的人现在互相认识了，原来不交叉的社会关系现在交叉了，一些人在这种情况下可能就失去了对自己的社会关系的控制权。

那么，名人和圈子之间是什么关系呢？如果我们仔细研究一些名人的成名过程就会发现，圈子在其中是一个不可忽视的因素。比如，有一些明星在出名的早期就受益于媒体的圈子，具体地说，就是主要由电台主持人组成的圈子。因为某些人的作品比较多地依靠电台的播放，而电台主持人或者说 DJ 多半是一些小资味很浓的白领，他们的共同特点是兼具大众传播和人际传播的双重身份，一方面，他们从属于电台；另一方面，他们又有很强的个人传播特性，凭着长期和听众之间建立的人际关系，他们对听众有着更强烈的影响。

实际上，我国台湾地区的地下电台屡禁不止，这已经让我们看到了电台强大的人际传播特质。在人际传播的研究中，我们常常可以发现，比起其他媒介，电台算是保留人际传播特征最突出的媒介了。

这就涉及画面和声音的对比，我们过去常常重视的是文字和画面的比较，而忽视了画面和声音的差别。在传播学研究中，纳粹德国时期的希特勒善于利用广播进行狂热鼓动，而在影像中，希特勒的动作和形象常常被视为夸张和恐怖的代表。因此，喜剧大师卓别林毫不犹豫地在其电影《大独裁者》中模仿和讽刺了希特勒。而说到画面，美国总统肯尼迪当年击败尼克松的电视辩论曾经被认为是画面至上的经典，而如果拿它和美国总统罗斯福在“二战”时期的炉边广播谈话相比，就能够发现其中的微妙差异。虽然广播和电视都属于大众传播，但广播的个体感似乎更强，而个体感正是人际传播的核心。

在电视传播的研究中，很多人已经提出了拟人际传播的概念，也就是演播室在营造人际传播的家庭氛围，电视访谈节目也在追求人际传播中的对话感。但是，我们仍然难以回避电视画面的庄严感，也就是说，和声音相比，画面需要更多的注意力。我们常常说广播是伴随式媒介，意义也正在于此。尽管现在也有越来越多的人把电视纯粹作为摆设，他们在听电视，甚至许多广播电台还在转播电视台的重要节目，把看的节目变成了听的节目。然而，画面和镜头仍然是电视的主体，特别是在今天的视觉传播时代，画面已经在相当程度上击败了声音，换言之，就是大众传播战胜了人际传播。我们目前很难说这是好事还是坏事，因为人类的人际传播并不只是造谣的代名词。

虽然文字对人类的人际传播曾经造成了非常大的破坏，但是，电视在这方面的影响可能更大。书籍可能在人类的传播史上还保留着人际传播的余温，纸条和信件也曾经构成了人际传播的浪漫环节，而现在，画面从根本意义上颠覆了人类的人际传播。我们很难想象人类会用画面来进行人际传播，尽管如今的网络用视频展现了某种未来的可能性，但我们仍然可以固执地认为声音是人际传播最重要的元素。虽然我们在听广播的时候明确地知道这节目是给所有人听的，但我们很多人依然会认为空中的声音交流是纯粹个体的，在夜间的广播节目更是有这种效果。如果说白天属于整体，那么夜间就属于个体，夜代表寂静，而昼象征烦躁。

正是在这个意义上，我们才可以理解为什么广播的听众常常表现出一种迷恋的状态。事实上，虽然广播热线电话在中国受到了一定程度的限制，但手机短信填补了这个空白，比较起来的话，电视就没有广播那样适合播手机短信。为什么会有这种区别呢？我们在看电视的时候，常常有更加强烈的空间感，也就是所谓的在场感，电视的最高境界现场直播更是强化了这种现场感。在收看电视的过程中，我们最奇妙的感觉常常莫过于与别人同在一个现场，更加重要的是，电视用时间消灭了传统的空间，我们大家会有地球村的感受。但空间不是完全没有了，而是被媒介空间取代了，人类的空间被挤压了。这个时候，我们失去了纯粹的空间，所有的空间都必须伴随着时间而存在，如果没有现场直播，很多人都不会在家看体育比赛了，因为过了时间的比赛就显得没有意义了，同时，早知道比赛结果也就没意思了。结果是没有电视现场直播的比赛就贬值了，甚至一些会议组织者都知道，如果没有电视记者来报道，那么他们的会议好像就没有开过。

央视一年一度的春节联欢晚会最鲜明地表现了电视的空间感，普天同庆，这正符合大一统的民族传统。整体性是大众传播的重要特征，强调被传播对象的整体在场性。从某种意义上说，大众传播强化了人类的整体性，虽然人类从古希腊时期开始就有公共广场上的集会和演说，但是，它毕竟还有人际传播的空间感。而今，大众传播用强大的技术和实力建立了一个新的媒介空间，这种媒介空间是虚拟的，是看不见摸不着的，存在于每个人的心里。我们似乎可以说大众传播充分利用了人类的共享意识，看电视的时候，很多人常常希望别人也在收看同样的节目，这样一来，他们的交流就有了共同的基础。如果没有时间和空间的密切结合，我们有可能更多地享受和古人的对话，而现在，随着时空一体化，我们越来越多的是与同龄人交流，我们逐渐在失去超越时空的能力，只能依靠美国的科幻大片来帮助我们恢复。

在这个强调速度的时代，思想成了快餐，信息成了压缩饼干，我们非常怕被所谓的时代抛弃，我们都希望知道同样的事情，我们崇拜画面，因为画面常常代表速度，而文字常常代表历史。当我们把时间变成了速度，我们能够把空间变成什么呢？世界上存在带有速度的空间吗？也许，我们可以把大众传播称为时间的艺术，而把人际传播叫作空间的艺术。在广播中，我们从时间开始，到空间结束；而在电视中，我们从时间出发，终点仍然是时间。

并不是所有的圈子都和名声有关，从目前的情况看，媒体的圈子可以说是离名声最近的，也就是说，离媒体圈越近，出名的可能性就越大，所谓近水楼台先得月。除了媒体的圈子，还有一些圈子也是聚集名气的，比如文艺圈和体育圈。从拥有名人的数量来说，文艺圈和体育圈无疑是拔头筹的。有意思的是，媒体圈虽然本身拥有名人的数量不算最多，但它对名人的影响却是最大的，不夸张地说，媒体是人们走向名人殿堂的星光大道。

还有一种现象值得注意，那就是名人圈子之间的交换。比如，有名的导演和演员往往有丰富的名人资源，也就是名人圈的人脉，因此，请他们做电视访谈节目主持人显然是不错的选择，他们可以源源不断地拉来很多文艺界的名人。于是，我们就看到了名人圈子的互惠，换句话说，就是你中有我，我中有你。似乎名人圈子之间越熟悉，他们就越可以直接把名人私生活的圈子搬到公众的面前，结果就是公家的地方办了私家的事。还有像《超级访问》和《最佳现场》这样的明星访谈节目，简直就成了名人串场的标志性场所，难怪许多观众会觉得这些节目似曾相识，大同小异，因为它们的功能都是交换名声资源。

第十二章　名声的排行榜

最需要名声的行业

代表作/名声的中断

虽然很多行业都需要名声，但比较而言，如今最需要名声的行业肯定是文艺界。我们显然不能说自古至今都是如此，因为文艺作为一个行业的历史也并不久远。今天看来，文艺界基本上就是依靠名声吃饭的，这不是说文艺工作者们的工作目的就是为了名声，而是说，离开了名声，文艺就很难生存下去。

具体地说，文艺界的名声常常又分为两个方向，一是作品，二是人。很多演员习惯说的是靠作品说话，作品常常就是演员的另外一张脸，作品让演员的名声不断被提及。除此之外，文艺界还有人的名声，一些演员习惯炒作私生活绯闻来让社会关注他们，也就是说，有时候是戏托人，有时候又是人托戏。

很多人看不起炒作绯闻的演员，认为他们不是依靠作品说话，属于不务正业。不过，问题是演员们并不是一直都有作品，他们的作品可能是间断性的，也就是说，他们不能完全控制自己在屏幕上的出现频率。他们的作品可能会扎堆播出，结果就是在那段时间里他们名声大振，而在另外一段时间里，他们可能没有任何作品问世，结果可能是他们在这一段时间里默默无闻。

对于别的行业来说，名声的中断也许不算什么问题，但对于文艺界来说，这可能会产生巨大的影响。因为文艺界本身就是名声行业，人们会由于喜欢一个作品而关注一个演员，也会因为一个有名气的演员而关注其主演的作品。因此，在演员和作品之间就形成了一个名声的链条，演员的名声会有助于他们作品的流行，反过来说，作品的名声也会给演员带来很大的知名度。

名声很多时候就像河流，不能中断，最好是“为有源头活水来”。因此，我们经常很容易理解许多演员在没有作品的时候会使用别的方式保持自己的知名度，希望人们不要忘记他们。

最喜欢追逐名声的群体

粉丝的现代化/粉丝的组织

我们所有人都或多或少地喜欢名声，但是，最喜欢追逐名声的群体恐怕莫过于粉丝了。今天，一说到粉丝，我们就自然会联想到那些疯狂追逐歌星和影星的年轻人，甚至给我们的印象是以女性为主。那么，是否女性比男性更容易成为粉丝？或者说女人比男人更喜欢崇拜名人呢？

不得不承认，我们对粉丝缺乏研究。粉丝作为一种现象，在名声领域已经产生了不可忽视的影响，但我们常常把粉丝视为乌合之众，好像他们都是一些没有头脑的孩子。我们可以发现，在很长的时间里，粉丝和社会的对立指数非常高，也就是说，至少在媒体的新闻报道中，粉丝的形象多少显得有点负面。他们奋不顾身地追逐某些名人，结果可能荒废了学业，甚至影响到了名人正常的婚姻和私生活。

实际上，粉丝并不局限于女性，也不局限于在歌星演唱会台下发出尖叫的女生们，粉丝是一种社会现象，会出现在社会的各个领域，只不过由于媒介的发达，使得崇拜歌星和影星的这部分群体浮出了水面。“粉丝”这个词是从外文直译过来的，特指一些过度热衷于某些事物的奉献者。

显然，粉丝是一些超级爱好者，他们比普通人投入了更多的精力来追逐某些名人。但与此同时，疯狂的粉丝可能在某种程度上压制了其他崇拜者的表达，换句话说，就是许多名声的追逐者在这时可能选择了保持沉默，也就自然而然地成了沉默的大多数。按理说，粉丝中很难有沉默的大多数，因为他们的倾向性类似，主动性也差不多，在理论上他们中间应该会有沉默的极少数。比如说，在《英雄联盟》这样的游戏里，如果有人对他们喜欢的主播表示不满，通常会被其他粉丝群起而攻之。这和沉默的螺旋理论有所不同。

为什么影视市场青睐“小鲜肉”呢？“小鲜肉”这个词在中文里并不雅，但是，它现在明显已经被市场接受了，甚至于主流媒体也出现了不同的声音。小鲜肉的流行可以视为粉丝经济的胜利。然而，仅仅是这一点恐怕不足以解释小鲜肉经济的繁荣，也许期待经济是个关键，就是说商家在投资未来，经济中的期待因素被大力开发了。比如，谁在消费 TFBOYS？按照同龄人的消费原理，这些所谓的超年轻的音乐组合针对的应该主要是接近“00 后”的消费群体，但他们大多数人还没有赚钱能力，因此，帮助他们进行这种名声消费的显然是他们的父母。于是，这看上去像捆绑式消费，属于粉丝经济的极端化表现。

粉丝现象并不是一个孤立的现象，它来源于我们人类追逐名声的本能，我们有时候很难说清楚崇拜和热爱之间究竟有什么差别。通常的解释是，当我们崇拜一个人或者事物时，很难保持理智，言外之意就是把崇拜和感性画上了等号。今天，人工智能对网络水军有了很大的帮助，这一点直接影响到了粉丝群体。虽然不能说人工智能让粉丝如虎添翼，但是，至少在机器发帖方面会有帮助。我们现在看到的舆论环境，在一定程度上有人工智能的影子。我们还可以把网络水军分为正面的和负面的，机器粉丝和人工粉丝相结合足以改变我们对传统粉丝的看法。假如我们认为人工智能也有中性客观的一面，那么，这就意味着它可以用来影响网络平台上的评论。

最易成名的行业

社会分工/名利场

在今天看来，最容易出名的行业肯定是文艺行业。不仅因为这个行业出名的人多，也因为这个行业可能是我们这个星球上距离名声最近的行业。实际上，很多人可能干脆就把文艺界视为名利场，因为这个行业太依赖名声了。曾经有一句话被许多人安在法国拿破仑的头上，那就是“不想当将军的士兵不是好士兵”，这句话用到文艺界也十分恰当：不想出名的艺人不是好艺人。

从中国的情况看，历史上有两种人不被看好：一是商人，中国是所谓的重农轻商的国家；二是艺人，在旧社会被称为戏子。而今天，社会发生了翻天覆地的变化，我们进入了市场经济时代，商人和艺人都翻身做主了。

我们可以总结的是，相对于中国而言，西方人的职业分工在近代是更加突出的。有人可能会说这是因为西方人崇尚局部，而中国人喜欢从整体上思考问题。这听上去好像是中医和西医的差别，不过，原因通常比结果复杂，我们今天能够看到的结果就是，行业的分工多少影响了名声的分布。行业分工的一个明显的进步就是承认了职业的平等，职业不分贵贱。这可能导致了名声不再被分成三六九等，正是在这种背景下，文艺界的名声才逐渐增加。

在古罗马时代，最有名的演出场所应该算是斗兽场，人与动物殊死搏斗。而今天我们还能够看到的是西班牙的斗牛。我们当然不能简单地把现在的拳击运动和那些古代的残酷游戏相提并论，之所以在这里把它们联系起来，是想考察人类早期的娱乐活动。与古罗马形成鲜明对比的是古希腊，那里产生了伟大的戏剧，包括悲剧和喜剧，我们如今可能只是知道这些人类早期戏剧的编剧，但不知道当时的演员是谁。听起来，这和我们今天的情况好像正相反，今天我们知道更多的是演员和歌手，而不是编剧。

我们当然不能武断地就此把罗马视为尚武，而把希腊归结为尚文，因为战争与和平在人类历史上一直是交替轮换的。实际上，一直到了英国的莎士比亚时代，我们仍然能够看到剧作家的重要地位。这种状况似乎随着人类技术的进步而改变了，今天我们不再是坐在罗马斗兽场的观众，不再从很远的观众席观看残酷的搏斗，而是可以坐在电视机前欣赏每一个演员的面部特写，我们不再是远距离地观看演出，而是在近距离地享受艺术。文艺演出不再只是宫廷的游戏，它已经成为我们的一种日常消费。技术让我们的观看活动上升为一种生活方式，正是在这个意义上，文艺才能轻而易举地获得如此令人陶醉的名声。

从历史的角度看，在职业分工之前，在技术大规模服务于人类的消费之前，文艺本身不能被称为行业，更不用说是最容易出名的行业了。在古老的职业或者说行业中，教师或许是很容易出名的行当，中国有孔子和孟子，希腊有苏格拉底和柏拉图。在那个时代，很多人蔑视名声，而今天，名声已经和人类的消费紧密地连接起来了。名声不再只是被生产出来，更加重要的恐怕是，名声在消费的同时也在被生产，也就是说，名声的生产和消费环节有可能合二为一了。

最快成名的行业

现场直播/职业粉丝

如果说文艺行业是最容易出名的行业，那么，体育行业就是世界上成名最快的行业。今天除了新闻以外，体育运动是我们在电视现场直播中看到的最多的社会活动，我们许多人花了大量的时间来看电视直播的体育比赛，这种体育比赛可以说直接生产着名声。

体育名声的一个秘诀是，体育运动不断生产很多专业的体育迷。体育粉丝和文艺粉丝还有一些差别，那就是文艺粉丝的门槛是非常低的，他们不需要知道多少文艺的规则，只需要狂热崇拜他们喜欢的文艺明星就可以了；体育粉丝就不同了，他们需要明白橄榄球的规则是什么，NBA 的数据意味着什么，如果不懂这些规则，他们就无法看懂这些比赛，结果就是难以爱上某个运动。实际上，体育行业也存在着异化，就是很多专业的体育迷可能并不参加某个运动，但他们却可能成为铁杆粉丝。比如，一些人可能一辈子都没有机会打高尔夫球，但这并不妨碍他们成为忠实的老虎伍兹迷。

在文艺粉丝中，我们很难区分电影迷和电视迷，因为他们只是某个演员的粉丝，而不是按照文艺的门类来区分的；体育粉丝就不同了，他们是按照运动项目区分的。正是因为这一点，体育迷才呈现出一种数据迷的形象，体育的数据越多，体育迷的专业色彩就越严重。

最持久的名声

青史留名/帝王将相/图书馆/关键词

这是非常容易猜测的，最持久的名声无疑应该属于历史名声。在我们这个星球上，再没有比历史更持久的东西了，所有的东西都会成为历史，现在会成为历史，未来也会变成历史。但是，我们还有另外一种历史，就是不断被我们人类重复的历史。在这种历史中，名声占有很重要的地位，我们甚至可以将其称为名声的历史，这并不是说只有帝王将相才能进入这种历史，而是指青史留名。

图书馆显然是人类保存历史名声的一种有效方式，现在有了互联网，人们好像不必夸耀家庭的藏书了。尤其是有了搜索引擎以后，名声变成了关键词，被人们搜索出来。人们在接受名声方面似乎从被动变成了主动，网络把名声直接推给网民，这是真正意义上的推出，推拉之间一词之差，反映了人类接受名声方式的变化。

提到历史名声，我们最容易联想到的是新闻名声。看上去这两种名声距离遥远，但是，我们之所以容易把它们联系在一起是因为两者似乎存在某种起承转合的关系。比如，新闻圈习惯说新闻是明日的历史，同时，我们又说新闻不能成为明日黄花，意思是过时的新闻就不是新闻了。不过，这里有一个问题需要注意，就是所有的新闻都能够顺利转化为历史吗？进一步说，是否所有的新闻名声都能够轻松地转变为历史名声呢？

回答应该是否定的。因为如果新闻名声这么容易就能够自然转化为历史名声，那么新闻和历史就可以合二为一了，也就是说，历史和新闻就画上了等号，新闻名声就直接等于历史名声了。这曾经是可能的吗？在没有新闻事业的时候，我们几乎无法考证它们之间的关系。

事实上，今天我们非常容易看到它们之间的关系，如果新闻就等于历史，那么我们每天都是在看历史的发生，但实际上这是不可能的。如果我们把新闻视为今天和现在，那么，我们每天都在看的是现在，不是历史，也不是未来。很多人希望在报纸中看到历史，比如，在《人民日报》的故纸堆中查找中国的历史，但是，这只能是一种搜索历史的方式，它能够搜索的只是一部分历史，是有限的历史。新闻和报纸都不是有闻必录的，因为它们没有那么大的容量。即便是在今天的网络时代，网络海量的信息仍然不能说包容了全部的历史。

因此，我们可以说历史名声要比新闻名声苛刻得多，入选历史名声的难度远远大于新闻名声。我们不妨这样思考新闻和历史的关系：它们好像有两种情况，在第一种情况下，一些新闻是和历史无关的，它们不会进入历史，因为它们和历史的轨道是平行的；而在第二种情况下，一些新闻几乎是和历史同时发生的，也就是说，现在和历史处于同步的位置上。这是一些千载难逢的时刻，我们在这个时刻似乎可以触摸到历史，每一个身在现场的记者都会十分激动，因为他们能够见证历史，这个时候的新闻是比较容易进入历史的。

当电视的现场直播越来越多，当网络把世界变成了地球村，我们都会产生一种幻觉，就是认为我们已经和历史同步了，每一个新闻的诞生过程似乎都成了历史的演变方式。但是，历史的记录方式和新闻的记录方式有很大的不同，比较起来，历史似乎更重视结果，而新闻更重视过程。一些在新闻中非常出名的人，随着时间的流逝，轻易就被历史淘汰了。

肯定有许多新闻记者希望做司马迁那样的人，铁肩担道义，但可能有一种形象是耐人寻味的，就是古代的历史记录者似乎更希望做他们那个时代的新闻记者，反过来说，今天许多的新闻记者却很想做当代的历史忠实记录者。司马迁在写著名的《史记》时并不是一个现代意义上的历史学家，同样的道理，今天的新闻记者也不大可能成为司马迁那样的历史记录者。

最喜新厌旧的名声

名声的制造/新闻价值

这个奖项自然应该颁给新闻名声，因为新闻名声大概是世界上最注重时效性的名声。

有了新闻事业以后，人们会逐渐发现，时间和空间似乎开始发生了某种脱节，换句话说，一个事情发生在哪里不重要，重要的是它发生的时间。在传统的新闻学理论中，新闻的地域性曾经是一个用来判断新闻价值的因素，但是在今天，地域性的观念已经开始动摇了，尤其是在网络世界中，地域性已经被虚拟化了。很多中国的年轻人可以在不同的地点通过网络收看韩国的电视剧，这时，地点对于他们已经失去了意义，只有时间还被保留，因为他们希望能够和韩国的年轻人同步观看这些电视剧。

我们为什么喜欢强调在时间上的同步，而不愿意强调在空间上的同一地点呢？电视和网络把世界变成了地球村，我们压缩了空间，但是无法拉长时间，我们受到时间的主宰，在某种程度上，我们好像变成了时间的奴隶，在给时间打工。正是在这个意义上，我们说最喜新厌旧的名声就是新闻名声。

时间上可以有新旧之分，但是在空间上我们很难做到这一点。有意思的是，当新闻报道的速度越来越快时，我们会发现，时间的观念也在发生微妙的变化。过去，我们和时间保持着一定的距离，新闻是发生过的事情；而现在，情况有所改变，我们和时间似乎是零距离的关系了，我们在看着新闻发生，和新闻同步。这很有可能意味着我们正试图打破历史和现实之间的壁垒，也就是说，我们在追赶时间。

新闻行业对名声的另外一个明显的影响是，它使得名声变成了可以制造的东西。这并不是说，在新闻事业产生之前，我们的名声都是不可制造的，而是指在有了新闻职业之后，这种制造由小作坊变成了大规模的流水线，也就是可以批量生产了。结果是，我们的社会名声总量好像增大了，就好像牛奶兑了水——名声被稀释了，浓度似乎不如以前了。

这里需要回答的是，名声是否是可以被制造出来的呢？回答是肯定的，名声是可以制造的，但需要强调的是，并不是所有的名声都是制造出来的。那么，我们要怎么区分制造出来的名声和自然出现的名声呢？可能有很多区分方法，不过，最直观的区分方法就是看这种名声和媒介之间的关系，如果它们之间的关系过于密切，那么制造的痕迹就会明显。

当然，名声也不是任人摆布的东西，媒体通常只是把名声做大，如果一个人或者一个事物完全没有名声，媒体也很难无中生有。因此，媒体是改变了名声自生自灭的运行轨道，这个时候的名声可能就变得不那么自然了。

最寂寞的名声

冷板凳/名声的评价体系

最寂寞的名声应该是专业名声。多少有点奇怪的是，名声通常给我们的印象是热热闹闹，怎么会有寂寞的名声呢？不过，相比文艺名声来说，专业名声确实显得很寂寞。最典型的是学术名声，我们听到比较多的劝告是希望学者能够坐一辈子冷板凳。因为专业名声是一种行业名声，常常局限在一个专业圈子里面，可以说是一种内向的名声，是需要同仁评价的名声。

名声的评价体系非常奇怪，不同的名声有不同的评价方式。比如，对于大部分文艺名声来说，评价的群体是广大的接受者，因此就存在千差万别的看法。而专业名声的特别之处在于，它追求评价的一致性，每个评价者的地位都是平等的，甚至他们的评价之间可以发生激烈的冲突，但最后的结果是动态的平衡，也就是追求不一致中的一致。正是在这个意义上，我们才会说专业名声是最寂寞的名声，因为它需要的不是名声的张扬，不是盲目的崇拜，而是专业水平的认同。甚至我们可以说专业名声是一种最名副其实的名声，换句话说，专业名声最大限度地反映了能力和名声的接近性。

最小的名声载体

成语/讲中国故事/记忆

在我看来，中国的成语应该可以申请世界非物质文化遗产，因为它最精练地表达了中国人的智慧。从名声的角度看，成语帮助中国人铭记了许多的历史故事，重要的是，它常常只有区区四个字，但是却传承了中国人的历史名声。

可能很多中国人都有同样的感受，小时候，我们总是觉得成语是非常奇怪的东西，如同中国的方块字，四四方方，很难记，尽管有成语词典，我们仍然觉得不容易理解成语的意思。但是，随着时间的推移，我们开始觉得成语对写作很有帮助，它可以让中文写作变得更加容易，更重要的恐怕是它能够带来联想。比如，“三顾茅庐”一下子就会让我们想到刘备三请诸葛亮的故事，今天许多人借用这个成语来表示对知识分子的尊重。

结语　我们需要什么样的名声？

我们在研究名声的时候，几乎难以回避的一个问题就是历史的判断，这并不是说所有的名声都是历史名声，而是说我们无法逃避的是历史的维度。一方面，因为名声本身就是一个非常古老的问题，今天很多人谈到名声的时候，往往会有历史的回声；另一方面，我们也不得不注意到名声的变化，这种变化很可能是以挑战历史的方式进行的，换句话说，名声和历史在一定程度上似乎决裂了，它好像正在走一条与历史相反的道路。客观地说，许多通向未来的道路都是与历史背道而驰的。这就涉及我们对历史的态度，无论我们是否喜欢历史，它都会用不同的方式来影响我们。在这一点上，未来就好像是一个处在叛逆期的少年人，它在一段时间里会用逆反的方式成长，甚至于有可能这是他们成长的唯一方式。也许在不久的将来，他们又会回到父母的怀抱，落叶归根，重新变成历史的一部分。

虽然今天的一些人已经不在乎坏的名声，甚至有搏名声的现象，但我们大部分人还是在追求好的名声的。那么，什么是好名声？好名声的标准又是什么呢？在我个人看来，好名声至少有三个标准：

第一个标准是，好的名声应该是能够比较持久的。我们不能要求所有的名声都变成历史名声。通常昙花一现的名声往往有更多炒作的嫌疑，就如同郭美美在微博上的表现。不论是团队炒作，还是个人炒作，看上去都会使名声更加短寿。正是在这个意义上，我们会发现一些名声的错位，就连一些主流媒体的人也在前些年丧失了自信心，开始使用炒作的方式来宣传正面人物。坦率地说，这可能会减弱典型人物报道的可信度。

第二个标准是，好的名声应该是比较正面的。因为模仿依然是人类的本能，而名声就是人们的模仿对象。

第三个标准是，好的名声应该是比较有亲和力的。这可能是三个标准中最难达到的，因为今天的很多名声都是冷若冰霜的，仿佛唯有这样才足以不被揭穿。我们很难否认名声是需要一定距离的，距离产生名声，这话一点都不假。但是，我们也不能夸张这一点，拒人于千里之外的做法不可取。名人的隐私权是需要保护的，不过，我们需要搞清楚的是，名人和名声不是画等号的，很多人希望自己成为名人，他们为此搏自己的名声，这是矫枉过正。实际上，我们绝大部分人都会有自己的名声，但只有极少数人会成为名人。名人和名声有时候干脆就是两码事，在我们当代的逻辑中，成为名人就必然获得了名声，但是，有了名声却未必能够成为名人。于是，名人往往象征着在名声领域的成功，许多人在追求成为名人的途中经常忘记了一点，就是名声要比名人朴实很多倍。名声可以发生在我们身边，但名人却不是；名人喜欢和我们保持距离，但名声却不会；名人多半和人有关，而名声多半和事有关。

就我们现在所看到的有关名声的研究文献而言，大部分的研究都是有着市场营销倾向的，也就是说，它们力图帮助人们获得更多、更大的名声，或者说它们通过研究名人的出名规律来帮助想要出名的人。这或许可以说明名声越来越具有市场色彩，因为在大规模的媒体机构出现之前，人类更多使用的是声望这样的概念，意味着名声更多集中在少数人的身上，并且附着了许多其他的东西，比如家族、门当户对、战争等。而媒体的出现在相当程度上改变了这一切，名声的传播变得越来越重要，甚至我们可以说名声的传播在影响上开始大于名声的生产。

参考文献

1. 勒庞. 乌合之众［M］. 冯克利，译. 北京：中央编译出版社，2014.

2. 鲍德里亚. 消费社会［M］. 刘成富，全志钢，译. 南京：南京大学出版社，2014.

3. 诺尔-诺依曼. 沉默的螺旋：舆论——我们的社会皮肤［M］. 董璐，译. 北京：北京大学出版社，2013.

4. 米尔斯. 社会学的想象力［M］. 北京：中国传媒大学出版社，2016.

5. 赖因，科特勒，斯托勒. 诱人的名声——关于名声的学问［M］. 黄晓新，李为，刘桢，等译. 北京：海洋出版社，1991.

6. 勒菲弗尔. 翻译、改写以及对文学名声的制控［M］. 上海：上海外语教育出版社，2010.

7. MARSHALL P D. Celebrity and power：fame in contemporary culture［M］. Minneapolis：University of Minnesota Press，1997.

8. GAMSON J. Claims to fame：celebrity in contemporary American［M］. Oakland：University of California Press，1994.

9. GILES D. Illusions of immortality：a psychology of fame and celebrity［M］. Macmillan International Higher Education，2000.

10. BROCKINGTON D. Celebrity and the environment：fame，wealth and power in conservation［M］. Zed Books Ltd.，2013.

11. HARRIS S R，FERRIS K O. Stargazing：celebrity，fame，and social in-

teraction [M]. New York: Routledge, 2011.

12. STERNHEIMER K. Celebrity culture and the American dream: stardom and social mobility [M]. New York: Rouledge, 2014.